JN284121

人はなぜだまされるのか

進化心理学が解き明かす「心」の不思議

石川幹人

ブルーバックス

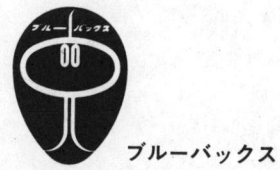

●カバー装幀／芦澤泰偉・児崎雅淑
●カバーイラスト／ネモト円筆
●本文イラスト／松本 剛
●本文デザイン／土方芳枝
●図版／さくら工芸社

はじめに

日常生活で私たちは、そこに樹木が生えていると知ったり、鳥の歌声がしてとても楽しいと感じたり、明るくなってきたからそろそろ雨はやみそうだと予想したり、暗くなってきたからもう仕事はやめようと決めたりしている。こうした、認知、感情、思考、意思決定などが、代表的な心の働きである。

さて、読者の皆さんは、次のような体験をして、不思議に思ったことはないだろうか。

A 写真を撮ったら壁の汚れの中に幽霊の姿が現れた。
B 感情的になったら損だとわかっていても怒りが抑えられなかった。
C ぼんやり想像したり夢に見ていたりしたことが現実になった。
D 噂には信用がおけないと思いつつもそれに左右されていた。

私たちは、自分の心であっても、その働きの全貌はよく認識できていない。そのため、現実と異なる心の働きを体験したり、意図どおりに心が働かなかったりすると、しばしば「不思議だ」とか「おかしい」などの印象をもつ。そして次に、心の働きに「誤り」があったのだとか、心の働きがちょっと「故障した」とかと考えがちになる。あるいはまた、壁の汚れや噂に「だまされた」という気分になる。

そうした考えにしたがうと、先の体験は、たとえば次のようにみなされる。

A「壁の汚れ」を、誤って「幽霊だ」と認知した。
B 怒りの感情が、誤って暴発した。
C 想像と現実は無関係なのに、誤って関連づけて思考した。
D 噂の信用性は低いのに、誤ってそれにもとづいて意思決定していた。

しかし、よくよく考えてみれば、それらは私たちがたんに誤っているわけでも、だまされているわけでもないのである。人間がもつもっと高度な心の働きの結果として現れる「副作用」なのだ。すなわち、次のように考えることもできる。

Ⓐ私たちは、平面図形であっても積極的に立体物として日常的に認知している。また、顔を感知する能力はとくに高い。だから、ときにありもしない人物が見えてしまう。

Ⓑ私たちの感情の一部分は、個人の長期的利益や集団の利益に向けてデザインされている。だから、ときには個人の短期的な利益に反するような感情の発動がなされる。

Ⓒ私たちは心のうちで想像をめぐらせて、現実に何が起きる可能性があるかをつねに吟味している。だから、想像と現実を関連づけて思考することのほうが、むしろ自然である。

Ⓓ小集団で生活している場合、生活の知恵は人間同士の情報交換で伝達される。だから、噂に類する個人間の伝達情報にもとづいて意思決定するのは、人間にとって自然な姿である。

では、右に例示した高度な心の働きがなぜ私たちに身についているのだろうか。どうして、しばしば「だまされた」と思うほどになるのだろうか。それを究明する学問分野として、近年話題となっているのが「進化心理学」である。

一九九〇年代から注目され始めた進化心理学は、心の働きが形成された経緯を生物進化論にもとづいて考える。人間が自然環境や社会集団の中で円滑に生き抜いていくための機能として、長い生物進化の歴史を通して心が培われてきた。そう考えることで、心の本質があぶり出されてくるのである。

生物進化

生物学ではすでに、人間を始めとしたあらゆる生物は、原始的な生物から長い年月をかけてじょじょに「進化」してきたことが明らかになっている。海に生まれた太古の魚類の一部が陸上にあがって爬虫《はちゅう》類になり、その一部から鳥類が、また他の一部から哺乳類が生まれた。そして、哺乳類の一部であるサルの仲間から、私たち人間が進化してきたことが知られている。

トカゲから人間まで、同じような四肢があって、それを曲げ伸ばしして地上を動くのは、共通のパターンとなっている。目のつくりもかなり似ているので、世界の見え方も類似しているだろう。爬虫類も哺乳類も、そして私たちもみんな、動物仲間なのだ。

しかし、類似点もあれば、相違点もある。同じサルの仲間でも、木々をわたり歩くオナガザル（写真上）は、枝に巻きつければ、それでぶらさがれるほどの長い尻尾をもっている。一方で、人間の祖先にあたるテナガザル（写真下）は、手で懸垂できるようになり、代わりに尻尾を失った。その後、草原に出て直立するようになり、人間では、背骨とその先の重い頭部をすべて骨盤で支え、武器を手にして二足歩行できるようになった。

オナガザル
photo : Hedrus/Shutterstock.com

テナガザル
photo : M.M./Shutterstock.com

このように、生息する環境に応じて、生物の体形や行動形態が変化することを「進化」と言う。生物の「進化」とは、「進歩」や「発展」とは異なる概念である。だから「最近の携帯は進化している」などと言う場合の、科学技術の「進化」とは意味が異なっているので注意が必要だ。たとえば、いわゆる「退化」も生物進化のひとつの形である。人間の尻尾は確かに「退化」しているが、それも生活環境に適応した結果としての「進化」だ、と考えられるのである。

生物の体形や行動形態を形成する情報は、今では遺伝子に格納されていることが知られている。生物個体の示す特徴の多くはその個体の遺伝子に由来し、遺伝子はコピーされて子孫に引き継がれる。そのため、ある生物個体の遺伝子に、環境に適応する方向の変化が発生したとすると、その生物個体は、生存競争のうえで優位になる。すると、その特定の遺伝子変化をもった個体が子孫を残す可能性が、選択的に増えていく。こうした世代交代をかさねた結果として、その変化した遺伝子がその生物全体に広まるのである。

つまり、特定の遺伝子変化が自然によって選択され、逆に変化前の遺伝子が淘汰《とうた》されていく。そして、それは同時に、特定の体形や行動形態の変化が自然によって選択されたと考えることができる。この過程を「自然淘汰」あるいは「自然選択」と呼ぶ。

心の進化

体形や行動形態の変化が遺伝によってもたらされていたとしても、心も同じように遺伝しているとは、すぐには思えないだろう。心の形成には、文化や教育などの生まれたあとの経験が大きく寄与しているのもまた、明らかだからだ。

しかし、双子の研究によって遺伝の重要性が指摘されている。遺伝情報が同一の一卵性双生児同士は、たがいに違う生活環境で育ったとしても、類似した成人になる割合が高いのである。双子の研究の結果、私たちの身長や体重の個人差の約八割が、外向性や神経症傾向などの性格特性の個人差の約五割が、遺伝で説明できた。能力の個人差の遺伝的寄与は、推理や視覚化で四割台、言語や記憶で三割台であった。[*1] 心の働きは、体格ほど遺伝に影響しないのだが、性格でやや大きい遺伝の影響が、能力でも無視できない大きさの遺伝の影響が見られる。

こうした研究が支えになって、進化心理学では心の形成のいしずえになる部分、いわゆる人間の本性の部分に遺伝の影響がある、とみなしている。さらに心への遺伝の影響を知るには、遺伝子そのものを調べるよりも、その生物が生息環境への適応を果たした進化的経緯を調べるほうが近道だ、とも推測している。

たとえば、心の特性には、「ひっこみ思案の性格は、少人数の家庭で育ったからだ」などと、経験の要因で説明できる側面がある。その一方で、「人間一般は古くから一〇〇人程度の集団で生活してきたので、数百人もの人々の前に立つと本能的に危険を感じる。あがり症はその典型例だ」などと、遺伝の要因で説明できる側面がある。将来「あがり症」をもたらす遺伝子が解明されるかもしれない。しかしそれよりも、あがり症が危険の予感から発生しているとすれば、あがり症を防ぐのにどんな対処が可能かなどと、すぐに対策を考えることができる。

本書では、「誤り」や「だまし」と思われるさまざまな具体例を切り口にしながら、心の働きの進化的由来を具体的に見ていく。そして、人間の本性を理解し、今日の私たちの生活をその本性にふさわしいかたちに充実させる方法を考えていく。

人はなぜだまされるのか

目次

第5章 想像

壁のシミが幽霊に見えるわけ……113

第6章 信念

なぜ噂を信じてしまうのか……133

第7章 予測

第1章

錯視

高度な
視覚機能の
なせるわざ

Q 平面に描かれた図形が、なぜ立体的に見えるのだろうか?

A 私たちは立体的な三次元空間に生きている。しかし、外の世界を見る人間の目の網膜には、カメラと同様に、つねに平面画像がうつっている。それを脳の神経回路が立体に戻して解釈している。その結果私たちは、立体的な世界の中でうまく行動できている。だから、最初から平面の図形を見たときも積極的に立体と見るクセがついているのである。

このクセがときに、「錯視」(視覚の錯覚)や「だまし絵」と呼ばれる、奇妙な画像として体験される。錯視を体験するほどまでにこのクセが強いので、私たちは立体的世界で生き抜いていけるのだ。つまり錯視は、一部の情報が失われた二次元情報からもとの三次元情報を復元するという、高度な能力のあかしなのである。

錯視は、かつて「視覚の誤り」とみられる向きがあったが、けっして目の働きの不完全さを示すものではない。むしろ、生物が進化の過程で獲得した「貴重な機能」を指し示すものである。私たちは、世界をそのまま見ているのではなく、無意識のうちに高度な解釈を与えて見ている。その現実の背後には、生物進化の歴史が隠れている。それを掘り起こしながら、心をとらえていくのが、進化心理学のアプローチなのだ。

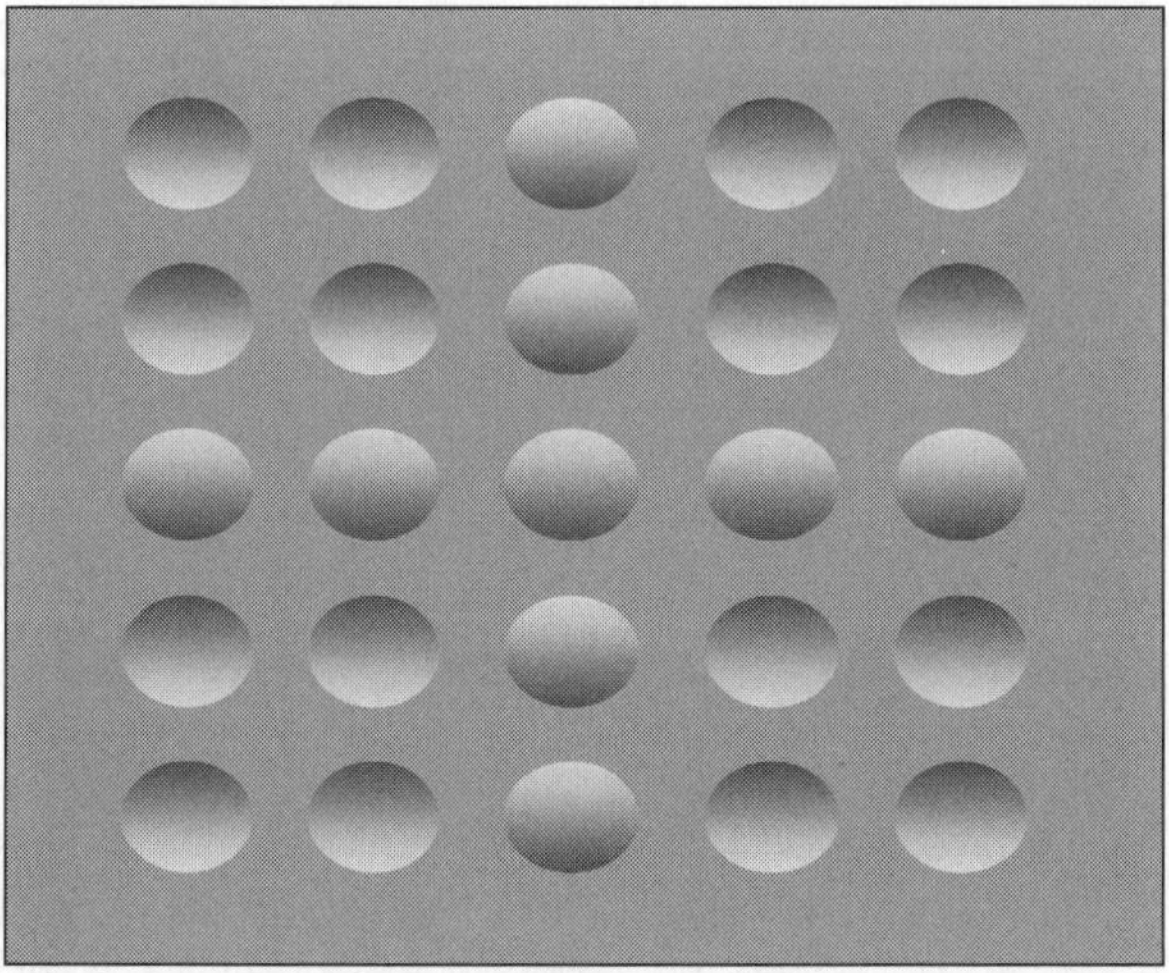

［図1・1］十字が浮き出る図形

凹凸が見える錯視

図1・1を見てほしい。読者には、十字形に配列したマルが浮き出て見えるのではなかろうか。十字が浮き出て見えたという人は、次に本（紙面）を上下さかさまにして見てほしい。こんどは十字部分が沈みこんで見えてくる。十字が浮き出て見えないという人も、ふつうは浮き出て見えるのだと意識して、しばらく図1・1をにらんでいるうちに、おおかた見えてくるはずである。

これは平面図形が立体的に見える「錯視」の典型的な例である。あるいは、こうした図形を「だまし絵」と呼ぶこともある。[*2] 図1・1の中央のマルに注目すると、上部が明るく下部が暗いので、突出して凸に見える。右上のマルに注目すると、下部が明るく上部が暗いので、こんどはへこんで凹に見える。本を上下さかさまにすると、上部と下部が逆転するので、凹凸が逆に見えるのである。

この錯視はチンパンジーにもある。チンパンジーは、突出した物体を握るクセがあるので、見え方が行動でわかる。チンパンジーに同様の図形を見せると、私たちが凸状に見える図形の前で手を握る仕草をして宙をつかみ、当惑した表情を浮かべるのだ。

では、なぜ上部が明るく下部が暗いものは凸に見えるのだろうか。これは照明が上から当たっていることを前提にしているからである。山に太陽が当たっているところを想像してほしい。上のほうが明るく下のほうが暗いだろう。網膜にうつる画像は平面なのに、それを立体的な山として理解しているのである。またその理解に、山のでっぱり感がともなうのである。

山の想像がうまくできなかった人も、図1・2を見ると理解が進むだろう。これは火星のクレーターの実際の写真である。太陽からの照明で上部が暗くて下部が明るい。じっと見つめていると、クレーターのくぼんだ感じがしっかり伝わってくるにちがいない。

平面から立体を想像した「想像世界」のほうが、リアルな感じがするだろう。二次元情報である直接の「感覚」よりも、それを立体物として解釈した「知覚」のほうが、現実に近いからである（心理学ではしばしば、このように感覚と知覚を区別して論じる）。進化論から考えれば、現実に近い解釈を重視したほうが生活に役立つので、リアルな感じがするのは当然である。だが、この仕組みが「だまされる原因」にもなってしまうわけだ。

ここでちょっと工夫してみよう。じつはクレーターの写真でも凸に見せる方法がある。クレーターの写真に照明が下から当たっているという状況を想像するのだ。それを想像しやすくするために、図１・３では、前の写真に懐中電灯で光を当てる人をイラストで描き加えた。上を見上げて、上方の写真を撮ったのだと思ってほしい。実際に本書を持ち上げて見上げるようにするともっとよい。

するとどうだろう。クレーターだった部分が、壁から突き出たでっぱりに見えてこないだろうか。つまり、同じ写真でも凸に見えたり凹に見えたりするのだ。ちょっとした工夫でだまされたり、だまされなかったりする可能性が、ここから見えてくる。

［図１・２］クレーター　photo : NASA

照明の役割

前述のような、二つの異なる見え方がする図形を「あいまい図形」という。本来の三次元空間では凹であった物体を写真に撮って二次元図形にすると、情報が失われ

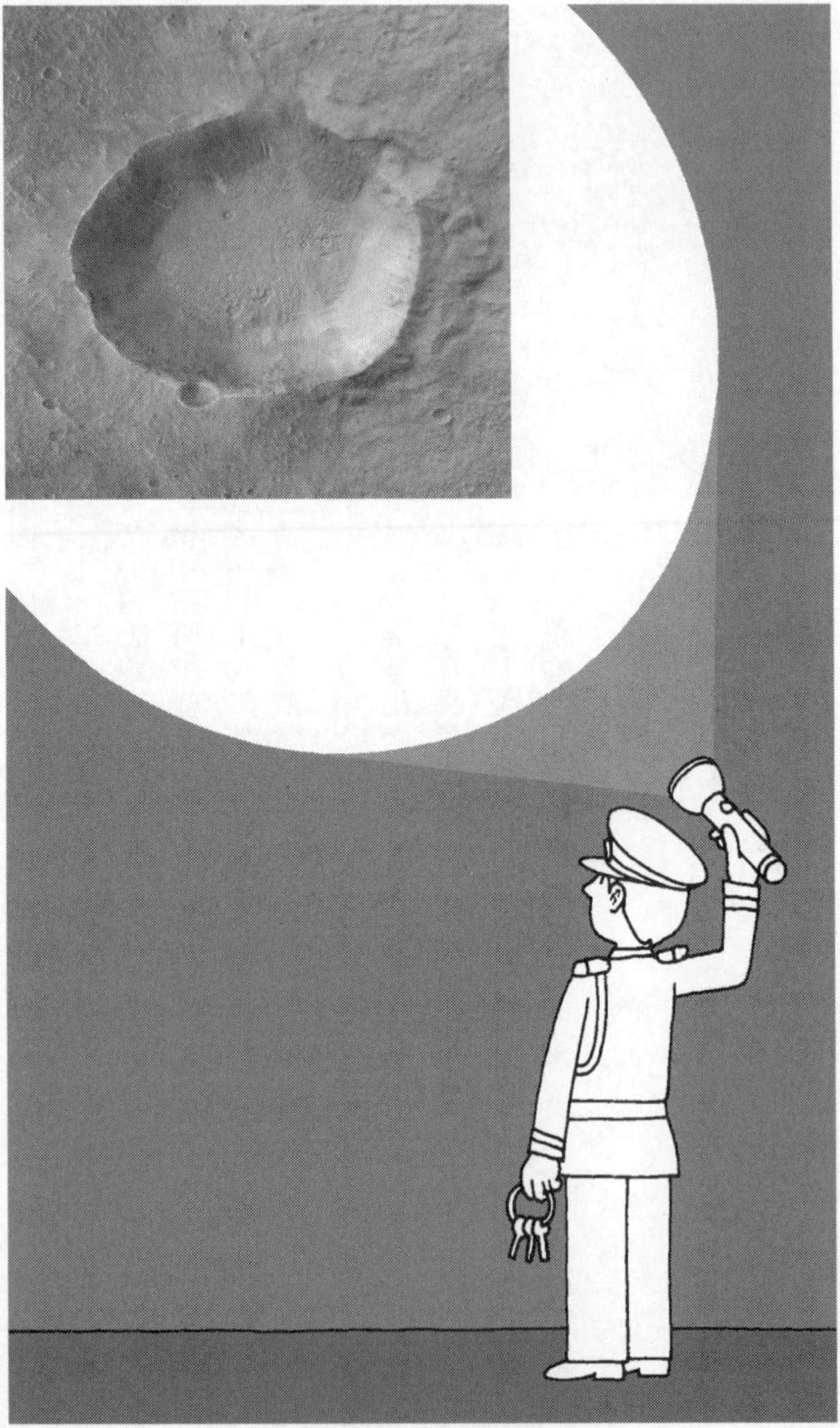

[図1・3] 下から懐中電灯で光を当てると……

てしまって凹凸の区別がつかなくなる。ところが私たちは、あいまいな認識のままでは生活に支障をきたすので、もとの物体の認識に脳で戻している。この情報復元の手がかりになっているのが、照明なのである。

地球に生きる生物は太陽のもとで進化してきた。視覚の情報を運ぶ光はほとんど太陽に由来している。そのため、物体に当たる照明は通常、重力と反対方向の空からやってきている。だから、二次元図形を三次元物体に復元するときに、照明の方向が使える。照明は上から当たるという前提のもとで、あいまい図形を反射的に解釈しても、おおかた問題ない。結果として私たちは、そこそこうまく生活ができるのだ。

私たちの心に備わったこの解釈は、ほとんど無意識のうちに、反射的に行われる。そのため、文明社会における私たちの生活環境でも同様に、照明は上から当てるようにつくられている。オフィスの天井照明も、机のスタンドも上方にある。もし光を下から当ててしまうと、視覚による認識の誤解が多く発生し、生活に支障が生じることとだろう。

けれども、積極的に光を下から当てることがある。たとえば、恐ろしい表情をつくるのに利用する場合だ。読者の方々は、夏のお祭りの場などで、あごの下から懐中電灯で顔を照らして友達を怖がらせた経験はないだろうか。ふだんは上方からの照明で認識している表情が、下からの照明になると、違和感のある恐ろしい表情に一転する。これは、私たちの視覚の情報処理によって復元される物体形状が、ふつうの顔とは遠く異なってしまうから、異常な感じがするのである。

違和感のある表情は、たんに恐ろしいだけではない。エキゾチックな魅力としてうつる場合もある。図1・4は印象派の巨匠エドガー・ドガの「舞台の踊り子」である。フットライトを浴びて踊るバレリーナの表情が、楽しみとも悲しみともつかない怪しい魅力をたたえている。心理的演出に照明が使える、大きな可能性を示していると言えよう。

現代の照明デザインでは、下から光を当てることがひとつの重要な技術となっている。簡単な設備で、照明される物体の見え方を大きく変化させることができるからだ。夜の建築物を照らす下からの照明は、新たな建築の魅力をひき出しているし、夜の街路を照らす一連のフットライトは、街ゆく人々を異空間にいざなう（図1・5）。ナイトラウンジでも、下からの照明は、恋人たちが想いを語り合うにふさわしい、神秘的な場を生みだしている。

これらのさまざまな工夫のおおもとには、私たちが太陽のもとで育ってきた生物である歴史が利用されている。私たちの心に備わった、「上からの照明だ」と解釈する機能を逆手にとって、新しい物体感覚や雰囲気を生成しているのである。

太陽がつくった眼

人間の視覚が、太陽からの照明に合わせて働くようになったとすると、それはいつごろのこと

［図1・4］ドガ「舞台の踊り子」（部分）

［図1・5］下からの明かりに照らされた街路
photo : Jimmy Lee/Shutterstock.com

れながらに人間に備わっている「遺伝の賜物」なのだろうか。それとも、その解釈機能は生まれたときにはなく、太陽によって上から照明される世界で生活するうちに学習する「経験の賜物」なのだろうか。

かつていろいろな議論がなされたが、遺伝に経験がともなった「両方の賜物」と考えるのがよいだろう。つまり、ある程度の枠組みは生まれながらに備わった「遺伝の賜物」であり、それをどう活用してのばしていくかが生まれたあとの「経験の賜物」なのだ。

進化心理学は、この二つのうち「遺伝の賜物」のほうに注目する。生まれながらに備わっている枠組みこそが、人間本来のあり方に相当するとみなすからである。しかし、分子生物学のように遺伝子やその働きを直接に研究するわけではない。遺伝情報が形成された背景である生物進化、つまり「環境への適応の歴史」を問題にするのである。

たとえば、薄暗がりで人間がもっとも敏感に感知できる光は約五〇〇ナノメートルの波長である。これは人間の視覚能力の特性のひとつであるが、なぜ五〇〇ナノメートルなのだろうか。視覚心理学ならば、五〇〇ナノメートルの波長の光を吸収する物質（ロドプシン）が、眼の網膜にある光感知細胞（桿体《かんたい》）に含まれているからだ、などと説明する。分子生物学ならばさらに、その物質を生成する遺伝子は、どんなDNA配列になっているかなどを究明する。

それに対して進化心理学は、人類の祖先が環境適応してきた歴史にてらして、なぜ五〇〇ナノ

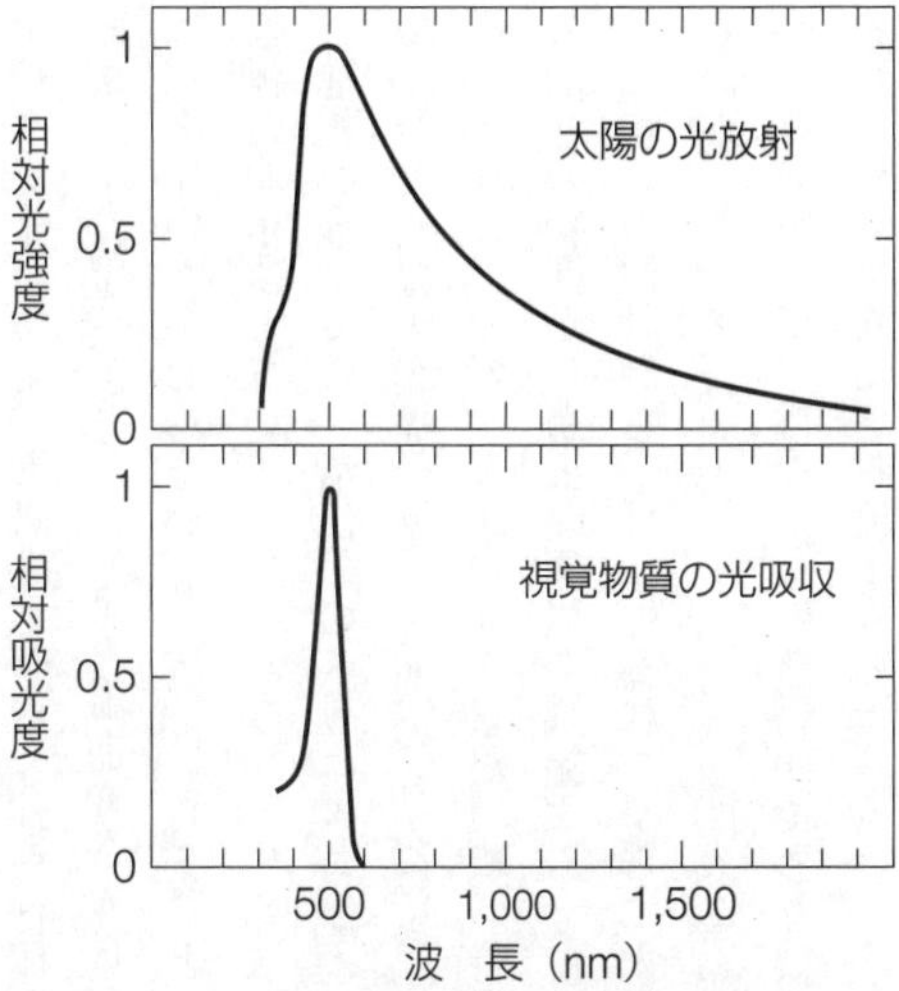

［図1・6］太陽光の強度と視覚の感度の比較

メートルなのかを考える。光を吸収する物質は、五〇〇ナノメートルにかぎらず、さまざまな種類が知られている。だから、五〇〇ナノメートルであることに進化的な理由があってもおかしくない。

じつは、図1・6[*3]にあるように、五〇〇ナノメートルの波長の光は、太陽光に含まれる光の中でもっとも強い光であり、視覚物質（ロドプシン）の光吸収波長と一致する。夜空にはいろいろな色の星々が見えることからわかるように、光る星も五〇〇ナノメートルにかぎらずさまざまな種類が知られている。たとえば、赤く光るアンタレスは八三〇ナノメートル、青白く光るスピカは一一五ナノメートルの光がもっとも強い。その中で太陽や、太陽光を反射する月は、たまたま五〇〇ナノメートルで輝いているのである。

以上の事実は、次のように説明できる。人類を含めた動物の多くは、太陽光のもとで生存競争を続けてきたので、太陽光で照らされた物体をよく識別できるほうが生存に有利であった。その結果、「太陽光をもっともよく識別できる目」が進化したのだ。目の働きではまだ、心の働きとは思えないかもしれないが、広くとらえるとこれも心の働きの一部である。今後だんだんと高度な働きを解説していく。

進化心理学では、遺伝子のメカニズムがわからなくとも、人類の祖先が進化してきた環境の特徴（たとえば太陽光）と、人間の心の働き（たとえば視覚の感度特性）の間の関係を推測できる。それによって、人間が進化した環境の特徴から心の働きを議論する心理学の議論や、逆に心の働きの特性から過去の環境を議論する考古学の議論が行えるのだ。

これらの検討から、目は生まれながらに太陽光に対して感度が高いようにつくられていることがわかった。では先の、上からの照明と解釈する機能も生まれながらに備わっているのだろうか。こちらのほうはなかなか断言ができないのだが、認知神経科学者のラマチャンドランは、生まれながらであると推測できると言う。

クジャクなどの鳥の尾羽を見ると、凹凸を示す図形に類似した模様が見られる（図1・7）。オスのクジャクの模様は、メスのクジャクの目をひきつけるように進化したはずだ。その結果と

［図1・7］羽根を広げたクジャク
photo : tratong/Shutterstock.com

して凹凸を示す図形が見られるのであれば、クジャクにも先の解釈機能が備わっているのだろう。人間にかぎらず他の動物種に同様な機能があるという事実は、人間が進化する以前の祖先の動物に、その機能が獲得されていた可能性が強く見こめるのである。

前後が見える錯視

本章では、ここまで凹凸にかかわる錯視を見てきたが、こんどは前後にかかわる錯視を見ていこう。図1・8の左側は、ポンゾ錯視と呼ばれる有名な錯視図形だ。八の字の内側に二の字がある図形だが、二の字の二つの横棒は、平面図形としては同じ長さであるが、上の横棒のほうが長く感じる。

この錯視が起きる理由のひとつは、私たちが積極的に遠近を見るように視覚ができているからだ。[*4] 図1・8右側の線路では、遠くの枕木にのった長い帯と、近くの枕木にのった短い帯が見える。しかし、これらの帯の長さを平面図形として測ってみると、なんと同じ長さなのである。つまり私たちは、八の字を見ると反射的に遠近関係を適用して、八の上部を遠く後方に、下部を手前近くに認識するのである。

図1・9の左側は、ハスの葉状の図形が三つ、それぞれの切れ目を内側に向けて相対した図形で、内側の空間に「カニッツァの三角形」と呼ばれる白い三角形が認識できる。右側のようにハスの葉状の図形をそれぞれ少しずつ回転してしまうと、三角形は見失われる。

図の左側では、なぜ三角形が見えるのだろう。それは、ハスの葉が三つあると認識するよりも、三つの黒い円の手前に白い三角形があると認識するほうが便利だからである。私たちの生きる世界では、このように見える場合、げんに手前に三角形の物体があることが多いのだ。

カニッツァの三角形には、強固な存在感がある。三角形の内側は、外側と同じ白さにもかかわらず、内側のほうがより白く見える。そして、その内側と外側を区切る辺は、はっきりと存在するように感じる。三角形の辺をつくる線がいっさい書きこまれてなくとも、同じように三角形が出現する例もある。

図1・10では、ハスの葉部分が渦巻き状になっており、辺に相当する内側部分に線がない。そしてさらに、二の字を書きこんである。すると、同様にカニッツァの三角形が現れ、実際にはな

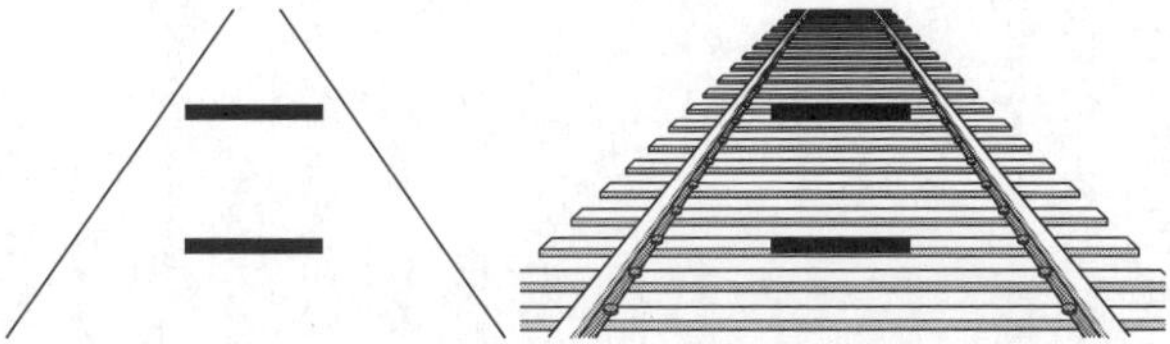

[図1・8] ポンゾ錯視と線路

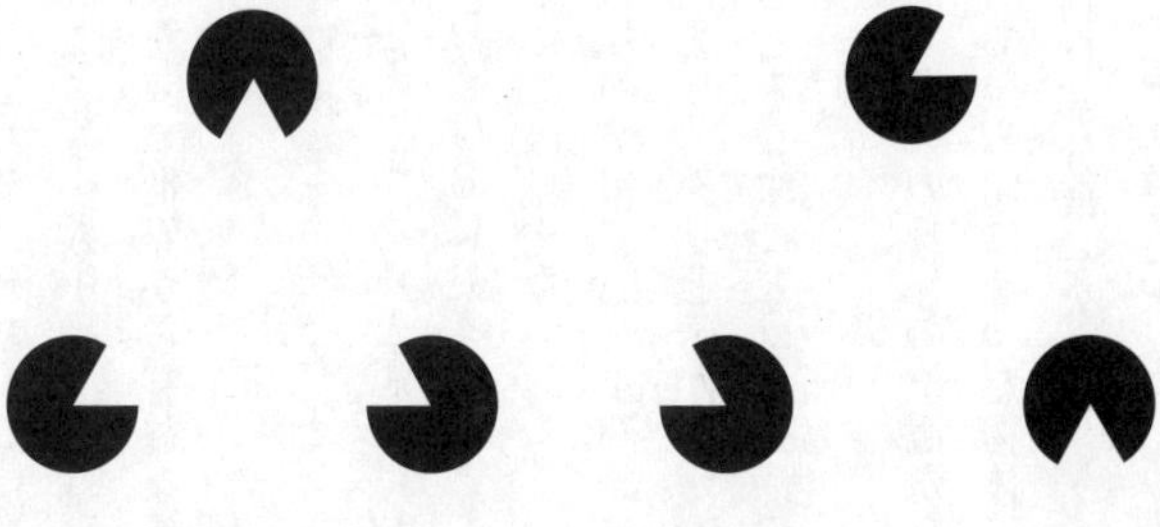

[図1・9] 三角形が見えるパターン（左）と見えないパターン（右）

い二つの辺が八の字の役割をしてポンゾ錯視を起こし、二の字の上の線が長く見えるのだ。

カニッツァの三角形は、ポンゾ錯視を起こすくらいに、ありありとしていることがわかった。私たちの脳は、あるがままを受け身で見ているのではない。世界から有益な情報を能動的に抽出しているのである。

それではここで、前後関係の要素を含んだあいまい図形を見てみよう。図1・11の左側は「13」か「B」かがあいまいになった図形である。数字が二つあると思えば13に見えるが、カニッツァの三角形のように、「白い帯」が手前にあると思えばBに見える。ところが、図の右側のように、その白い帯の部分を明示的に囲むと、もはや13には見えない。

私たちは、隠れていることが明らかなときは、まわりの情報で隠れた部分を、無意識に穴埋めするのである。13のちょうどまん中の部分に、たまたまピッタリと帯がかかっているという事態はめったにない。だから、そのような穴埋めをしてBとみなすことは、生活のうえできわめて実用的なのだ。

世界にはさまざまな物体があるが、それを私たちは、自分の身体の位置から眺めている。すると、多くの物体同士は部分的に重なっている。重なって後ろ側になった物体には、ところどころ見えない部分が生じる。そのとき、後ろ側になった物体部分は「欠けている」のではなく、「隠れている」のである。私たちは、「隠れた部分もやがて見えてくる」という期待をいだくのだ。

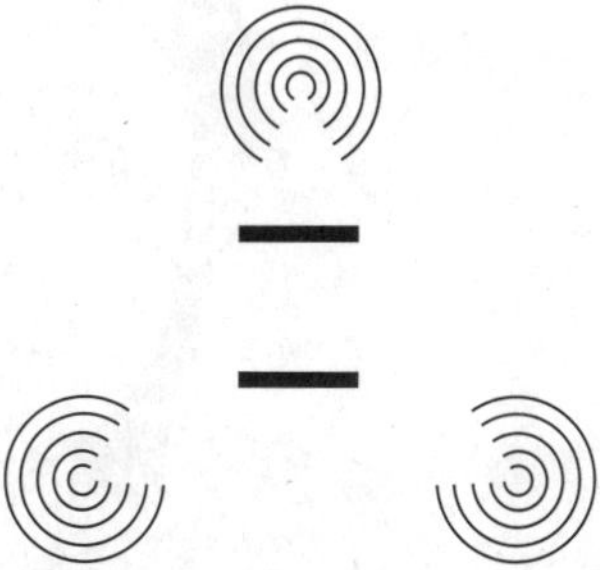

[図1・10] カニッツァの三角形によるポンゾ錯視

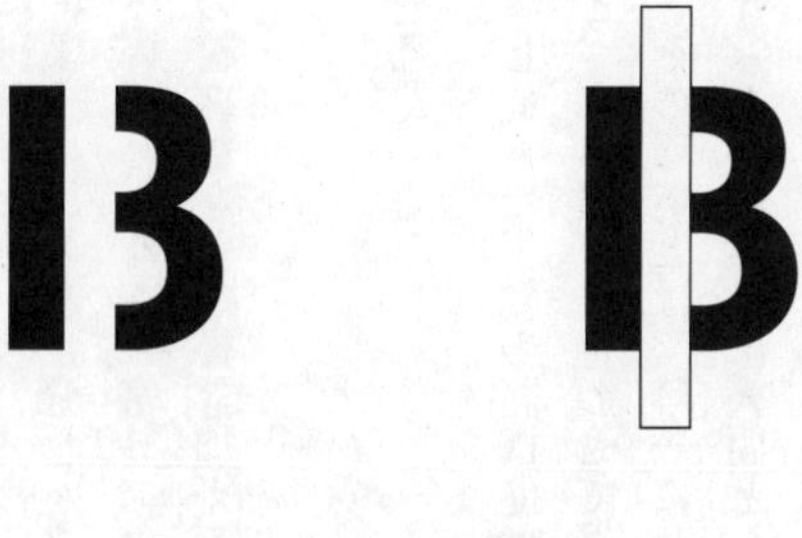

[図1・11] 13かBか

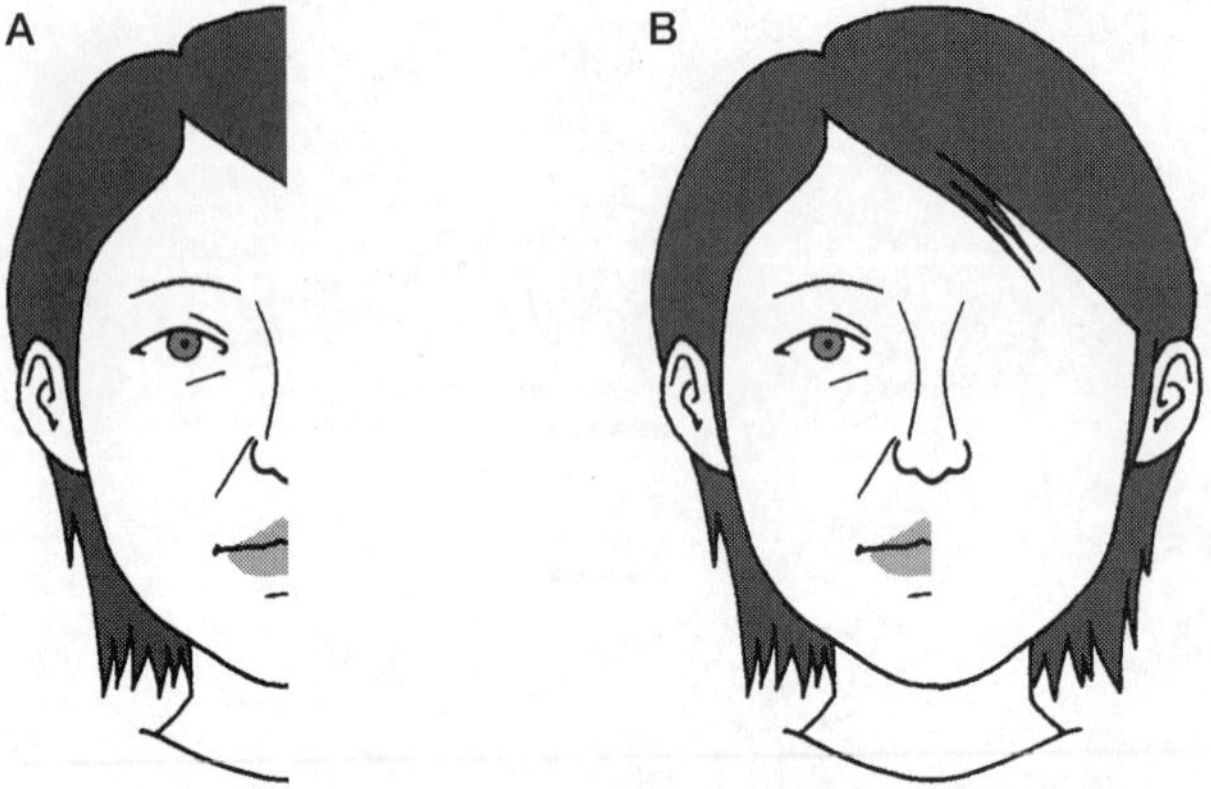

［図1・12］ 半分隠れた顔と一部分が欠けた顔

視覚の機能はそれを実現するようにつくられている。

図1・12の顔のイラストは、それをもっとよく表す例だ。Aのように顔の左半分しか描かないと、右半分は隠れているとみなされ奇妙ではないが、Bのように右側の輪郭線などを書き加えると、奇妙に感じられる。

草原に生きる

本章で議論してきた視覚の諸機能は、進化心理学にもとづくと、自然環境に合わせて進化してきたと考えられる。その環境とは、第一にサルの仲間に至るまでのジャングル、第二に人間として進化してきた草原である。人間は、五万年ほど前に居住地が世界へと広がり始めるまでは、現在のアフリカ中央部で二〇〇万年以上生活していた。そのあたりはほとんどが草原だった。私たちの祖先は、草原を走って獲物を狩り、草むらにひそむ猛獣から身を守るという日常を繰り返していたはずだ。そうした活動を的確に行えなければ、とても生き抜けない厳しい環境であった。視覚の機能は、その環境に役に立つように進化しているのだ。

図1・13[*5]の上側は、縦棒の長短と粗密を下から上に向かって変化させたパターンである。言うまでもなく、遠近感のある草原に見える。まさに一面に草がはえそろった草原である。草原で生活するためには、遠近感や距離感のある世界に自分が存在するように感じる必要があるのだ。

図の下側は、同様のパターンを小円で作成したものである。地面一面に草花が生えそろった感じである。また、図の中の右手前に地面のでっぱりが、逆にその左手先にへこみが感じられる。小円パターンのちょっとした変化から、地面の起伏が反射的に認知できるのである。草原を走りまわるには、すぐ先の地面の状態に敏感でなければならないだろう。だから私たちにとって、こうした機能が進化していることには十分な理由がある。

もう一度、図1・12にもどって考えてみよう。猛獣が草むらにひそんでいるときには、猛獣のからだの一部分は草に隠れているはずだ。草が一部を隠していても、からだ全体が見える感じがしなければ、逃げるのに遅れて、私たちの祖先は襲われてしまっただろう。私たちは、いち早く逃げて生き残った人々の子孫なのだから、カニッツァの三角形のような錯視が起きるのは当然であると言える。

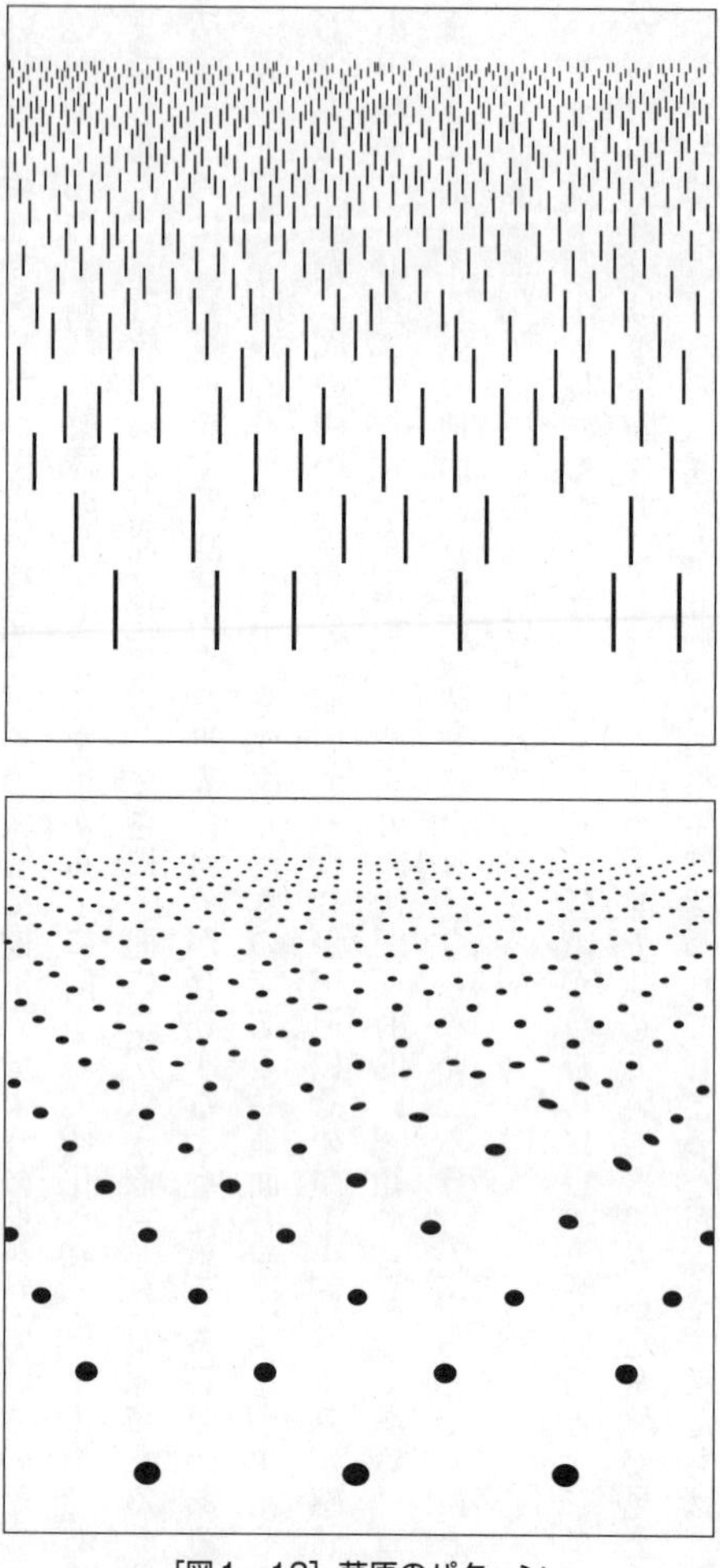

［図１・13］ 草原のパターン

［図1・14］草陰のヒョウ
photo : Hedrus/Shutterstock.com

最後にもうひとつ、物体運動に関する視覚機能を読者自身で実験してみてほしい。透明のシートを二枚用意し、一枚に小さな斑点を不規則に二〇個くらい描く。もう一枚に単純な規則、たとえばサイコロの五の目に相当するパターン配置で同様の斑点を描く。それらを二枚重ねて見ると、斑点がたくさん見えるだけで、五の目のようなパターンは見えない。ところが、それぞれのシートを重ねたまま右手と左手にもって、両手をそれぞれ小刻みに振って、両者を異なる方向に動かすのである。すると、すぐに五の目のようなパターンが浮き出て見える。

私たちの視覚は、一緒に運動する物体を「一連の物体」として自動的に認識するのだ。この機能は、草の背後にひそむ猛獣（図1・14）を見いだすのに最適だ。風で同じ方向にゆらめく草を一体のものとし、草の間から見える猛獣のからだの部分を、一括して同じ物体とみなす。そうすれば、認識世界からいったん草は消え、猛獣の存在がきわだって現れてくるのである。

このように、私たちの視覚は「草原に生きる」ように完備されている。そうした視覚機能の一部は、今日の文明社会ではそれほど必要なくなったのかもしれない。しかし、錯視図形やだまし絵を見たときの不思議さの裏には、生物進化の長大な歴史がひかえているのだ。

生物の進化史に想いをめぐらせれば、錯覚の不思議さは生命の不思議さへとレベルアップしていく。

第2章

注意

明らかな変化なのに気づけない

Q 見えているはずの明らかな変化に、なぜ気づかないのか?

A

私たちは、数ある物体や現象に取り囲まれて生活している。しかし、それらすべてを一度に把握することはできない。そんなことをしたら、情報過多で頭脳がパンクしてしまうだろう。だから、それらの一部を選んで注意を払っているのである。

この注意の機能は、限られた情報を選択し、それをよく吟味できるという利点をもつ。しかし一方で、最初の選択でもれてしまい、注意が払われなかった情報は無視されるという欠点がある。私たちは日常、この無視された情報には意識を向けていないが、「無視される」ということを知っているだけでも、だまされる度合いをかなり低減できる。

何に注意を向けるかという選択には、進化の影響が見られる。食うか食われるかの熾烈《しれつ》な競争から、速い変化に自動的に注意を向ける機能が進化した。その反面、たとえ明白でも遅い変化には注目できないままだった。また、視線や指さしの先の物体を検出する機能は、人間ではきわだって発達している。視線や指さしに注目する機能は、集団の中での協働作業に役立ってきた。つまり、人間の注意の仕方が、人間同士の円滑なコミュニケーションの実現に貢献してきたのである。

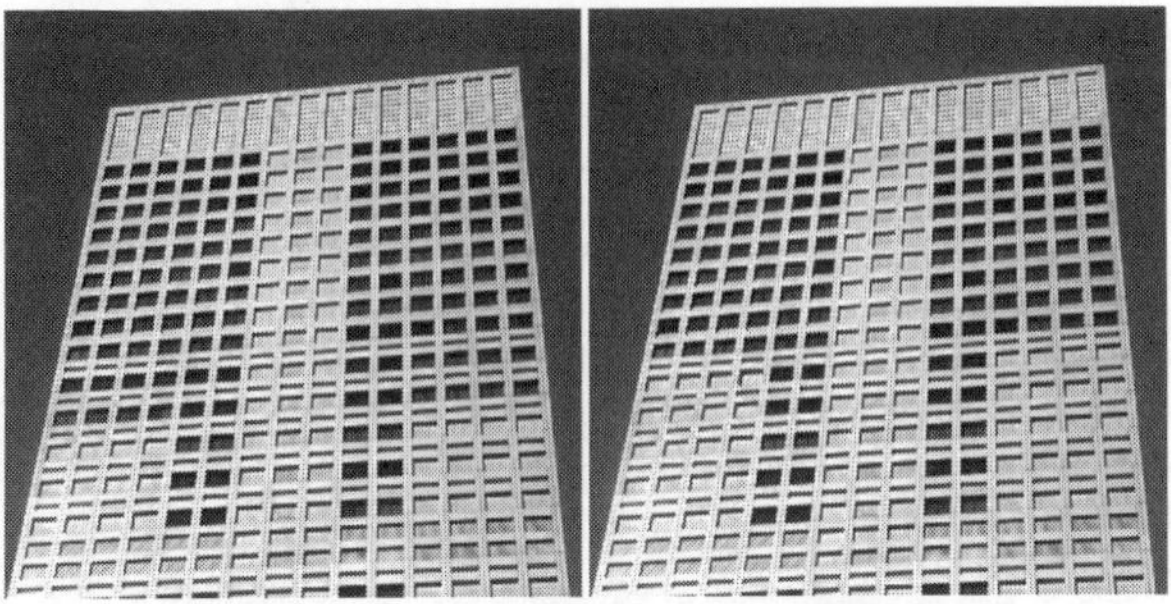

［図2・1］じょじょに変化する映像の最初と最後
「まなラボ」（http://managa.jp）より

チェンジ・ブラインドネス

イリノイ大学の心理学者ダニエル・サイモンズ博士は、かなり明白に思える変化に、多くの人々が気づかないという現実を指摘した。本章では、まず三種のそうした事例を紹介する[*6]（図2・1〜3）。どれも動画でないと直接体験ができないが、ＹｏｕＴｕｂｅなどを検索すれば、同種の動画を探し当てることができよう。日本のサイトでは、「まなラボ」（http://managa.jp）がけっこう楽しめる。

まず図2・1は、一〇秒間のうちにじょじょに変化する動画の最初と最後の画像である。右側のＢのほうが斜めに倒れている感じがするが、それは錯覚なので無視してほしい。「斜塔錯視」として知られる遠近関係の誤認識である。

図のＡが動画の最初の画像で、Ｂが最後の画像である。一六ヵ所の窓がいっせいに三秒ほどかけて「すうっと」消え去ってしまうのだが、ほとんどの人は気づかないのである。筆者は過去にいくつもこうした動画を見ているが、この動画を一〇回繰り返し見てもどこが変化したかわからなかった。事前に「画面のどこかが変化しますよ」と言われていても、「窓かな」と思ってそこを見つめ続けていないかぎりは、なかなか気づけない。ところが、図Aと図Bを交互に見せられると、窓部分が点滅するように感じられ、すぐに気づくのである。

この遅い変化に気づかない現象を「チェンジ・ブラインドネス」(変化に対する目かくし性)と言う。変化する物体が視野に入っているのにもかかわらず、人間は遅い変化に注目できないのである。一方で速い変化には、ただちに気づくことができる。

これを進化心理学では、進化の過程で私たちの祖先は、速い変化に気づく必要性がある環境に生息していたと考える。速い変化がわからなければ生きていけないというような、環境からの圧力があったにちがいない。具体的には、獲物や外敵の敏捷《びんしょう》な動きに対して瞬間的な対応を起こすために、速い変化への自動的注意が不可欠だったのだ。

逆に言えば、遅い変化への注意は必要なかった。太陽の動く速度や、あさがおの花が開く速度で変化する物体に、生活上の対応がせまられるものはそうそうない。だから、その速度で変化する現象には鈍感でいられる。つまり、遅い変化への自動的注意は進化しえないから、その能力を私たちは身につけていない、というわけだ。

進化のうえで身についていない能力は、訓練しても生まれてこない。たぶん、遅い変化に注意を払うことは、訓練しても身につかないのだろう。

他の例では、ピアノを弾く練習をすれば、指を動かす筋肉が強くなったり反射神経がよくなったりするが、指がもう一本生えてきたりはしない。筋肉の増強や反射神経の感度は、経験によって変化するように遺伝的に決められている。ところが、指の増加は遺伝的に準備されてはいない。指が増えれば、ピアノをもっとうまく弾けることまちがいなしだが、そこまでの柔軟性は進化していないのである。

同様にたとえば、記憶能力は訓練によって向上するが、その向上の範囲は遺伝で制限されているだろう。事実、なんでもかんでも記憶できるわけではない。人間は、経験によって学習できるという貴重な能力をもつのだが、それは遺伝によって準備されている基盤がもとになっている。よく「スポーツ選手として大成するためには才能と努力がともに必要だ」と言われるが、遺伝と経験の関係を的確に言い当てている言葉である。

注意のスポットライト

図2・2は、バスケットボールで遊ぶ人々の動画の途中のシーンである。動画を見せる前に

［図2・2］パスを数えているうちに見失うゴリラ
selective attention test　©Daniel J. Simons

「バスケットボールで遊ぶ人々が映し出されるので、白シャツチームのパスが何回なされたかを数えてください」とお願いしておく。動画の中では、バスケットボールをする人々の間を、屋内なのに傘をさした人や、ゴリラの着ぐるみを着た人が通り過ぎる。明らかにおかしなシーンが展開されるわけだ。

ところが、動画を見せられた人の約半数は、「一五回」などとパスの回数を、自信をもって答えるだけで、そのおかしなシーンに気づかないのである。これは、選択的注意と言って、何かに集中していると周囲のことがおろそかになる現象である。言われてみればもっともであるが、これほどまでにはっきりした事柄を見過ごすというのは、衝撃的である。

［図2・3］人物の入れ替わり実験
Change Blindness, BBC"Brain Story"より

この実験から、私たちが車を運転するとき、たとえ前方を向いていたとしても、眼に入るものすべてを認識できてはいないだろうと指摘される。そう考えると、いささか恐ろしくもある。

続いて図2・3は、案内人の入れ替わり実験の説明動画の冒頭である。このサイモンズ博士の実験では、顔も、髪型も、服の色もかなり異なる二人の案内人を準備しておく。彼らはカウンターの下に隠れており、一度にはどちらか一人しかカウンターに立たない。サイモンズ博士は、心理学実験参加者を学内で募集し、当日そのカウンターに来るように指示した。

心理学実験への参加を希望する人が訪れるたびに、一人の案内人が応対して書類にサインするようにうながす。訪れた人が書類記入をしている間に他の案内人に入れ替わって、残りの案内を引き継ぐ。記入が済むと、サイモンズ博士のオフィスに案内されるのだ。しかし、その時点で、すでに実験は終わっている。それを知らずにオフィスに入ると、博士に、「先ほど何か変わった経験をしなかったか」と問われ、先の案内人が入れ替わっていた事実を知らされる。七五％の人が入れ替わりに気づかずに、だまされたままである。そうした人々は、実験の内容を知らされると、本当に驚く。

人間は、重要とされるところに、あたかもスポットライトを当てるように注意を払っている。重要でないところは、それほど気にとめていないのだ。にもかかわらず、その気にとめていないことに気づいていない。バスケットボールで遊ぶところにゴリラが来たり、案内人が途中で入れ替わっていたりすることは、実際にはほとんどない。だから、自然に「注意しなくてよい」ようにできているのだ。

注意を引きつける

人間の注意の仕組みを知れば、他者の注意を操作することで、商品の効果的なＰＲや教育の活性化に使える。広告や営業活動、あるいは幼児の学習や学校教育における、ちょっとしたヒントにもなる。ある種の健全な「だまし」である。それを説明する題材として、図２・４には、奇術のルーティーン（典型的動作）を示した。

図のＡでは、奇術師が右手にボールをもっている。奇術師は、そのボールに観客の注意を引き

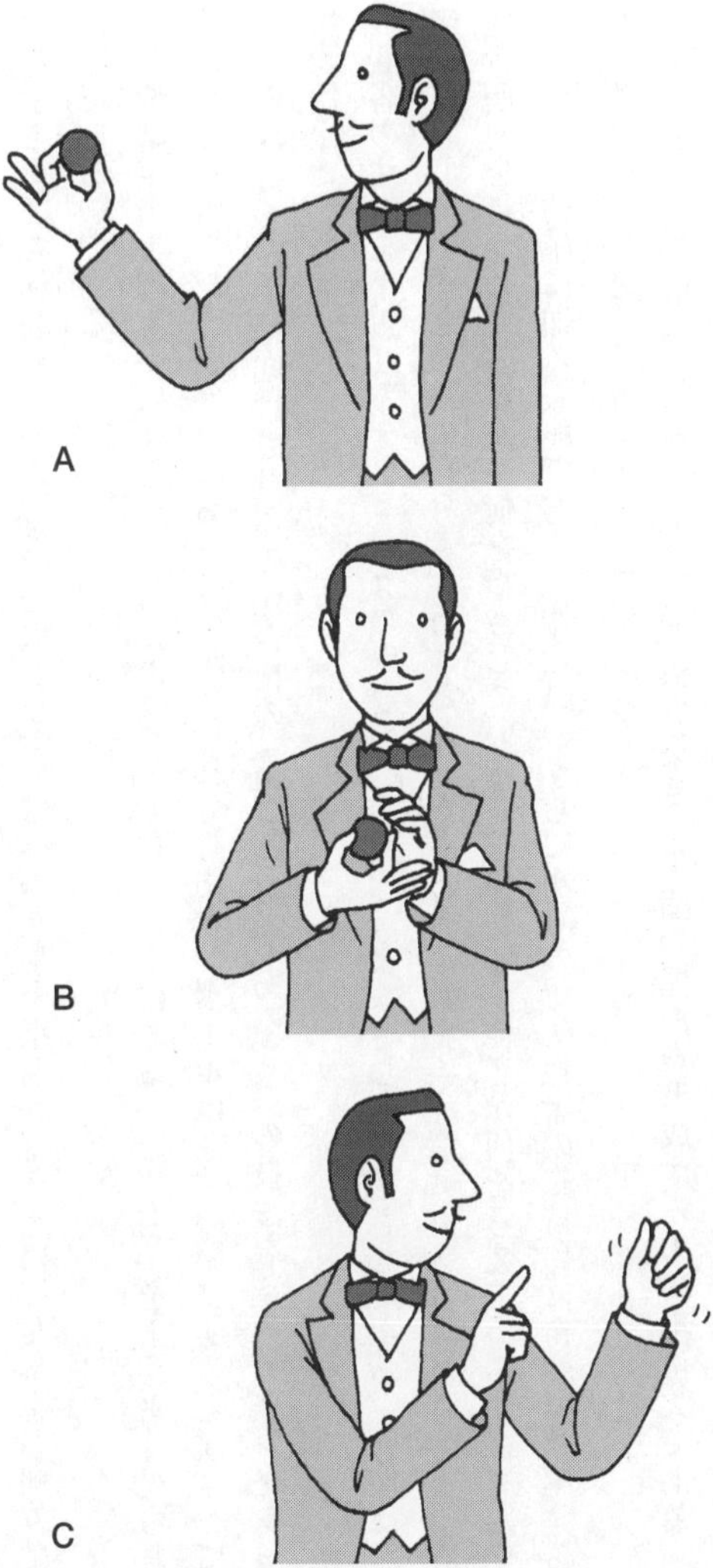

[図2・4]　ボールが消えるマジック

つけるために、ボールを肩の位置まで掲げ、自らじっと見つめている。その後奇術師は、図のBのようにボールを右手から左手に移す仕草をしたのち、図のCのように、こんどはボールを握った左手を掲げて見つめている。さらに、右手ではその左手を指さしたうえに、左手を小刻みに動かしているのである。

じつはボールは左手に移してなく、依然として右手の中にあるのだ。右手をよくよく見られてしまうと、ボールが手の中にあることが知られてしまう。ボールは左手の中にあると演技して、観客の注意を左手に向けさせるのが奇術のテクニックである。この技法をミスディレクション(注意操作)と言う。

観客の注意をそらせるテクニックのかなめは、視線(まなざし)と指さしである。人間は、他者が注目しているところに自分も注目する傾向がある。これを「注意共有メカニズム」と言う。他者が何を見つめているか、何を指さしているかを検知し、他者が何を考えているか、また伝えたいかを、的確に知る機能である。無意識のうちに働くので、他者の気持ちに自然に共感する過程に寄与しているとも見られている。

この心理的機能は、自己と他者の関係を築き、集団の協力を形成するのに不可欠である。もし、この機能が進化しなかったならば、人間は集団を形成することができなかったであろう。

しかし、ケンブリッジ大学自閉症研究センター長のサイモン・バロン=コーエンは、自閉症患者に「注意共有メカニズム」の欠陥を見いだした。私たちのほとんどが、遅い変化を検出する機能をもっていないのと同様に、自閉症患者の多くは、他者と注意を共有する機能を失っているのである。

遅い変化を検出する機能は、日常生活にほとんど必要がないのだが、他者と注意を共有する機能は、社会生活においてかなり重要である。だから、その機能を失っていた場合は、他の機能で代替するように教育・訓練したり、周囲の人々がそのハンディキャップを理解して、意図などの伝達を助けたりする必要がある。

進化心理学にしたがえば、「生まれながらに身についている機能」は、進化の過程で獲得された機能が遺伝情報に格納されていると考える。それは同時に、遺伝情報のコピーミスで、その機能を失った人が現れる場合もあるということだ。多くの人は、自分にその機能があれば、あたりまえの機能のように思うので、機能を失っている人の事情を理解するのが難しい。進化心理学は、その理解を支える視点をもたらしている。

たとえば言語にまつわる能力について考えてみよう。文字が発明されたのは八〇〇〇年くらい前とみられるが、生物進化の歴史からするとあまりに最近なので、文字の読み書き能力は「生まれながらの能力」になっていない。一方で、言語の構成能力や会話能力はずっと以前に形成されており、生まれながらの能力として私たちの身についている。

だから、通常私たちは、言語を聞いて理解したり話したりできるように、自然に成長する。ところが、読み書き能力のほうは、教育で教え込まないかぎり、なかなかできるようにならない。言語構成能力に他の能力（たぶん象徴化能力や絵の描画能力などだろう）を合わせて、無理やり読み書きできるように仕立てあげるのだ。

自閉症の子どもに関しては、興味深い事例がアメリカにある。[*7] その子は、言語を聞いたり話したりできないので、「言語障害」と診断された。ところが、母親が辛抱強く読み書きを教えたところ、筆談で意思疎通ができるようになったうえ、パソコンを使ってかなり高度な小説や詩を書く能力も芽生えたのだ。これまでとかく「言語障害」は「言語の学習障害」であって、会話ができるようにならなければ、読み書きも学習できないと思われていた。

ところが、口頭による会話能力に障害があっても、本質的な言語の構成能力に障害があるわけではなかった。母親がそれを見抜いたのだ。私たちは、会話能力は単純でやさしく、読み書き能力は複雑で難しいと思いがちだ。しかしそれは、生まれながらの能力として進化しているかどうかの違いなのである。

進化心理学では、心理的な機能は数々の要素に分かれており、それぞれ独自の進化をしてきたと考え、それらの要素を「モジュール」と呼んでいる。たとえば、「速い変化検出」モジュールは、人間を含めた哺乳類の共通祖先が生きていた、太古の時代に身についた機能にちがいない。

それに対して「注意共有」モジュールは、私たちが草原で協力しながら狩猟や採集をしていた時代に身についた機能である。

各モジュールは、それぞれ別の時代に、別の経緯で生まれたので、独立した機能として形成されている。しかし後の時代に、過去に備わったモジュール群を利用して別の機能に仕立てあげるという進化が起きることがあり、実態は少々複雑である。

言語コミュニケーション機能については、いくつかのモジュールから成り立っているようだが、どのようなモジュールがどのように組み合わさっているかは、まだわかっていない。少なくとも、文法解釈などの「言語構成能力」を実現するモジュール群と、聞いたり話したりする「会話能力」を実現するモジュール群は別々だ。脳でも別々の部分が働いていることが明らかになっている。

先の自閉症の子どもは、前者のモジュール群には問題がなく、後者のモジュール群に問題があった。だから会話でのコミュニケーションができなくとも、訓練を通じて、文書でのコミュニケーションをなしとげられたというわけだ。このように、いずれかのモジュールに欠陥があっても、他のモジュールで補える可能性がある。進化心理学は、個人のうちに柔軟な変化が起きる見通しをも提供するのである。

ボトムアップとトップダウン

さて、注意の話題にもどろう。人間の注意の仕組みには二面性がある。奇術師の演技を素朴に見ていると、視線や指さしのトリックによって、注意を操作されてしまう。それに対して、そうしたトリックにはだまされないぞ、という人は、視線や指さしの向けられた先を避けて、別のところに注意を払うことができる。図2・4Cにおいては、あえて右手に注目し、そこにボールが隠れていると見抜き、奇術師の裏をかくことができる。

筆者が小学生のころ、ドッジボールという遊びがはやった。いちばん単純なルールは、校庭に一辺一〇メートルくらいの四角を書いて、中を逃げまどう人々を狙って外の人々がボールを当てるのだ。当たった人は次々に外に出るが、最後まで逃げ通した人が勝ちになる。このドッジボールで、人にボールを当てるのがうまい友達がいた。ボールのスピードはそれほどでもなかったが、視線の先にいない油断した人を狙って当てていたのだ。ボールを持つ人の視線を感知し、その先にいなければ安全だろう（ボールは飛んでこないだろう）という意識が相手に働くのを逆手にとった作戦だ。

視野の中心でなく、周辺にあるものに注意を向けることは、筆者も試しにやってみたが、それほど難しくない。視野の周辺にあるものは、そのままでは不鮮明なので、注意を向けようとしたとたんに、どうしてもそこに視線を向けがちになる（つまり反射的に視野の中心にもっていく）。しかし、それをぐっとがまんして、視野の周辺にあるままにしておいて、意識的に注意だけそこに向けるのだ。訓練をつめば、ドッジボールの名プレイヤーになれることまちがいなしだ。同じテクニックはサッカーなどにも使えるだろう。

周辺の視野の視覚は、色や形の認識は弱いが、動きの検出はむしろ強いことが知られている。これも、視野の周辺で獲物や敵の動きをすばやくとらえ、即座にそれに視線を向けて視野中心でよく姿を吟味するといった機能の一部に寄与している。草原で生活をしていたころには、たいそう役に立った視覚機能であるのは明らかだ。

以上で述べたように、注意には二種類があることがわかる。ほとんど自動的に無意識に行われる「ボトムアップの注意」と、これに注目しようという命令的な意識をもって行われる「トップダウンの注意」である。もうおわかりのように、獲物や敵の発見に自動的に働く注意で、奇術師が利用しているのが前者の注意であり、ドッジボールで相手のすきを突いたり、奇術師の裏をかいたりできるのが後者の注意である。

両者の違いを、図2・5を使って深く理解していこう。三枚並んだ図を見て、それぞれ仲間はずれを探してみてほしい。図Aでは多数の縦棒の中にひとつだけ横棒が、図Bでは多数の白棒の中にひとつだけ黒棒がある。どちらも、そのひとつだけある例外の棒は、ありありと見える。そ

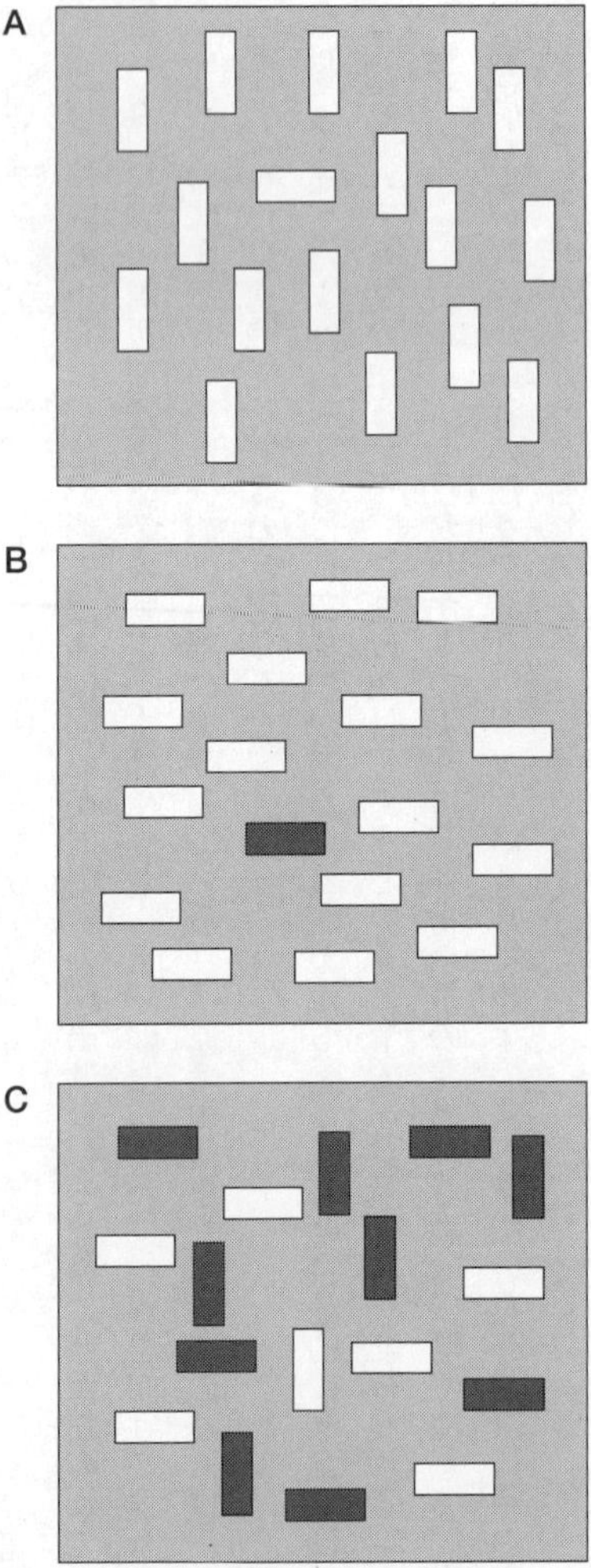

[図2・5] 仲間はずれを探せ

の棒に注目することは、しごく当然に感じられる。これはボトムアップに働く注意である。

一方で、図Cはどうだろうか。ひとつだけ例外があるのだが、すぐにはわからない。意識的に探すという行為を行った結果として、その例外が「白い縦棒」だと発見できるだろう。これがトップダウンに働く注意である。目で受け取られた視覚情報の処理は、後頭部の脳で行われている。脳では最初に、視覚情報から、方向、色、位置、奥行き、運動などの要素情報をそれぞれ分析し、その後、それらを順次統合して、複雑な物体の認識に至っている。

つまり、縦横などの方向の判別のみや、白黒などの明暗の判別のみならば、要素情報の処理だけですむので、すばやく自動的に行える。それに対して、白い縦棒や黒い横棒といった、両者が組み合わされた情報の認識は、自動的にはなされない。意図をもって注意したところで、はじめて行われるようなのである。

こうしたトップダウンの注意が獲得されたことで、人間には高度な社会的機能が身についた。社会的に重要とされる事柄を優先的に処理する能力である。「白い縦棒を探せ」などの指示があれば、多くの情報から該当する情報を抜き出すことができる。それは、経験から効率よく学ぶという、人間らしい能力を実現するうえで、核となった機能である。

話が少しずれるが、短距離走や水泳のスタートはピストル音で行うが、なんで音よりも空間を速く伝わる光でスタートさせないのか不思議に思ったことはないだろうか。ピストルだと、1コースと6コースの選手で、スタートの時間差が起きかねない。

じつは、光を使うと、選手がスタートするまでに音より時間がかかるのだ。スタートの方法を変えたら、それだけで世界記録が更新されなくなってしまう可能性がある。人間の視覚の認識が聴覚より遅いのは、右に述べたように、脳内で複雑な視覚情報処理を行っているから、と推測される。なお、オリンピックのピストル音は複数のスピーカで同時に流すなど、あくまで音を使ったうえで、不公平にならないよう工夫されている。

視線から意図を知る

子ども向けの番組で、目から光線を出してビルを破壊する怪獣がよく登場する。目は光を受ける器官なのに、SFの世界では目から光が出るなんて「非科学的だ」などと思ってはいけない。心理世界では、目から光が出ていると思えるくらい、視線に効力があるのだ。

前に述べたように、人間が視覚で一度に注目する範囲は限定的であり、その注目範囲はふつう視線の先である。他人が何を考えているかを知るには、その人が何を見ているかを知るのが、まず第一歩である。私たちは、そうした視線検知が得意なのである。

図2・6を見てほしい。「図の女性は、並んでいるどの棒を見ているか」という質問がなされたら、どう答えるだろうか。すぐさま私たちは、「こちらから見て一番左の棒だ」などと、答え

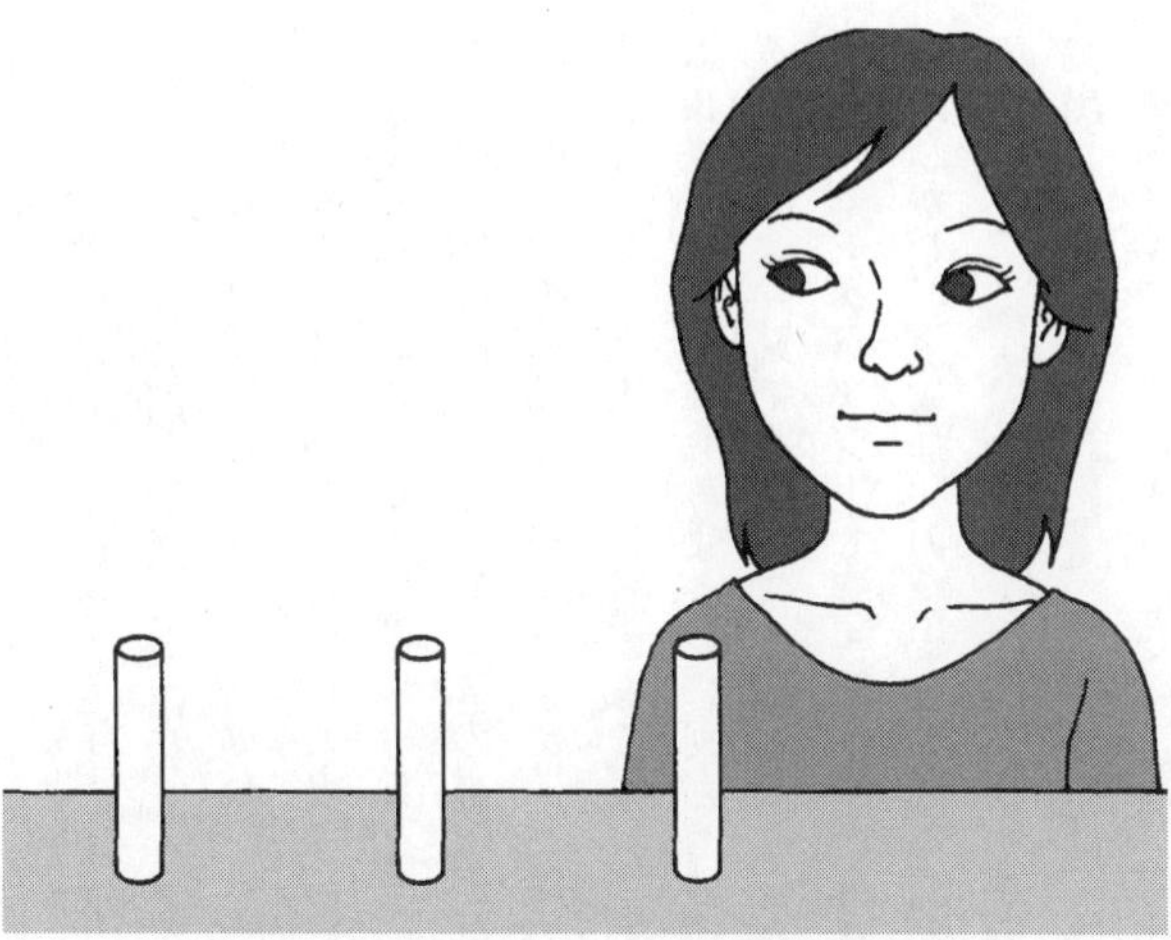

[図2・6] どの棒を見ているのだろうか？

られるだろう。あたかも、女性の目から光線が出て該当の棒に当たっているかのように、適切な想像が働くわけだ。

こうした視線検知は、先に紹介した「注意共有」モジュールに使われ、社会的な協力関係を築くのに格好の手がかりになった。たがいに協力をするには、他者が何を考え、どういう意図をもって行動しているかを知る必要があったからである。[*8]

たとえば、誰かにじっと見つめられれば、愛情をいだかれているのか、と思うことができるし、パートナーが別の誰かを見つめていれば、嫉妬をいだく準備がおのずと始まる。また人間は、じっと見つめられると恐怖や不安を感じることもある。よく「視線が怖い」という言葉を耳にするし、やくざの喧嘩《けんか》も「眼《がん》付けやがったな」で始まるようだ。

筆者が教壇に立っているときも、一人の学生をじっと見つめると、ふつうはいやがられる。「よく聞いてくれているね」というサインなのだが、ノートをとるふりをして下を向かれてしまうのがおちだ。誤解されてもいけないので、最近では、もっぱら視線を泳がすようにしている。

チンパンジーの研究者に聞いたところによると、チンパンジーでも視線を怖がる態度を見せるそうである。ボスのオスに見つめられているとき、下位のオスは明らかに警戒の体勢をとる。しかしその体勢は、少しでもボスの視線がはずれるとやわらぐのだそうだ。

人間の視線の効力はチンパンジーと違って、実際の視線がなくなってもしばしば持続する。見つめられていた人が、視線がなくなっても依然として「視線を想像できる」からだろう。お店に監視カメラを、これみよがしに何台も設置しておけば、万引き防止になることがよく知られている。人間は、見てないところにも「にらみを効かせる」ことができるようだ。

人間やチンパンジーで、視線検知が発達したのは、社会集団を形成する動物であるからと言える。しかし、生物進化の歴史をひもとくと、ちょっとした偶発的な事情も寄与している。図2・7でよくわかるように、ウサギの眼球は頭部の両側面にそれぞれついていて、大きくて突出している。これによってウサギは、物体の奥行きを判別しにくいかわりに、常時三六〇度の周囲を警戒でき、ちょっとでも異常があれば、いち早く跳んで逃げたり安全な場所に身を隠した

[図2・7] 顔の両側面に離れているウサギの目
photo : Yeko Photo Studio/Shutterstock.com

りできる。ウサギのような小型の草食動物は、他の肉食動物の獲物になるので、こうした目のつくりが進化したのだ。

しかし、ウサギのような目のつくりでは、どこを見ているか見当がつかない。視線検知には向かないのだ。ペットとしてのウサギが今ひとつ物足りないのは、ウサギの視線が検知しづらいのが大きな原因だろう。

一方、イヌやネコなど、獲物を狩る習性のある動物の視線検知は容易だ。ペットとして人気が出るのもうなずける。人間と同様に、両眼が頭部の前方にきていて、一度には周囲の一部しか見えない。そのかわり両眼で物体の奥行きが精度よく識別でき、狙った獲物の動きをしっかりととらえられる。後方が見えないかわりに、首が柔軟になり後ろを振り向くことが可能になっている。頭部の向きも視線検知に貢献するようになったのである。

つまり、獲物を捕食する機能にふさわしい身体の構造が進化したところ、それがたまたま、他者が視線検知するのにも有効だったのだ。視線検知の実現には、進化の歴史のうえでの偶然が寄与しているのである。

人間ではさらに、視線検知に向く身体特徴が現れた。それははっきりとした白目である。図2・6の女性の目の白目部分を試しに黒く塗ってみてほしい。視線検知がやりにくくなっただろう。よくSF映画に白目のない宇宙人が登場するが、白目が黒いだけで異様な感じが演出できる。これも広い意味で進化の歴史の利用だと言えよう。

指さしで意図を知らせる

視線検知に加えてさらに人間が得意なのは、指さし先の検知だ。誰かが何か物体を指さしているときは、その物体をもってきてほしいといったような、何らかの意図や願望を他者に伝えようとしていることが自動的にわかる。この機能は言葉が通じない国でもかなり使える、万国共通のコミュニケーション手段だ。筆者も海外旅行で道に迷ったとき、指さしで何度も窮地を救われた。

五本の指が器用に動く動物であるヒトは、生まれながらにコミュニケーション上手なのだ。指が少ないウマやブタでは、指さしはけっしてできないし、五本あっても指が曲がらないクマなども、指さしが難しい。指さしの重要性は、もっと評価されてもよいだろう。ちなみにチンパンジーならば、指さしは難しくとも、腕さし（腕全体で方向を示す）ならばなんとかできるそうだ。他者が取ろうと手をのばしたものを、いち早く検出するために進化した機能のようだ。

さて指さしは、指さしする人とそれを見る人で、指さしたものを注意共有し、意図の共感が可能となる。ここには先の「注意共有」モジュールが働いていると考えられている。ところが、多くの自閉症患者はこのモジュールに欠陥があり、指さしの意味が理解できない。そのため、自閉症患者はしばしば、要求を伝えるときに自分では指さしをせず、そのかわりに、母親などの協力者の手をとって対象の物体まで運ぶ、「クレーン」という行動をとる。

自閉症患者の一部では、さらに他者の心もようがわからない。かりに指さしを覚えても形だけの指さしであり、本来の指さしとは意味が違っている。たとえば、誰もいないところで、高いところのお菓子がほしくて指さしをしている姿が見られる。これは、他者に意図を伝えて理解してもらい援助を期待する、といった意味の指さしではない。過去に高いところのお菓子に向かって指さしをしたら、お菓子が手元にやってきた（じつは誰かが厚意でとってくれていた）。だから、こんども指さしすればお菓子が手元にやってくるだろうと、誰もいないところでも指さしをするのである。

このように指さしを分析してみると、きわめて社会的な行為であることがわかる。だから、視

[図2・8] 指差確認

線によるまなざしと違って指さしは、通常自分一人では行われない。指さしは、他者がいるところでのみ行われる明示的なコミュニケーション手段である。誰もいないところで、指さしをしているところを想像すると、かなり奇妙に感じる。

ところが、誰もいないところで日常的に指さしをしている職業がある。それは、駅員さんである。駅員さんは図2・8のように、ホーム、電車、線路など、一連の項目の安全を、順にもれなく指さしをして確認作業をしている。これは「指《し》差《さ》確認」と呼ばれる作業上のノウハウである。指さしをすると、自分でも指さし先の対象に対する注意レベルが上がって、見落とし率が減るのである（さらに「指差喚呼」と言って声も出す約束になっている）。

本章では注意の機能とその進化的背景を論じてきた。そして、奇術、広告、SF、安全確認などと、注意機能の現代的な活用方法を見てきた。進化の歴史をひもとくと、人間に形成された注意の本質がよくわかる。これらのほかにも、注意の本質が理解できれば、いろいろな応用がありそうだ。

また、注意を向けた事柄が、とりわけ記憶されやすいという傾向もある。次章では、記憶の面からも再度、注意について理解を深めていく。

コラム① 心はアーミーナイフ——進化心理学の発端——

飲み物を飲んでいる人を写した写真が、ここにたくさんある。写真の裏側には、写真に写った人の名前と年齢が書き込まれている。「アルコールを飲んでいる人の年齢は二〇歳以上である」という文が正しいかどうかをチェックするには、次の四枚のうち、どの写真の反対側を調べる必要があるだろうか。

①日本酒を飲んでいる人の写真　②オレンジジュースを飲んでいる人の写真
③裏向きの写真で二五歳と書いてある写真　④裏向きの写真で一七歳と書いてある写真

さて、正答は①と④である。たぶん、読者は皆、正答しただろう。では、次のように変形した問題はどうだろうか。

制服を着た中学生の写真が、ここにたくさんある。写真の裏側には、それぞれの中学生の名前と住所が書かれている。「秋津中学に通う中学生は秋津市在住者である」という文が正しいかどうかをチェックするには、次の四枚のうち、どの写真の反対側を調べる必要があるか。
①秋津中学の制服を着ている中学生の写真　②日の出中学の制服を着ている中学生の写真
③裏向きの写真で住所が秋津市である写真　④裏向きの写真で住所が日の出市である写真
ほとんどの読者は当惑したはずである。しかし、わからないという人にも、「なぜなら、名門の秋津中学には、高い税金を払っている秋津市民しか通えないのだ」という社会的ルールを提示すると、①と④という正答が飛躍的に高まる。つまり、前の問題がやさしく感じるのは、「未成年は飲酒してはいけない」という社会的ルールを私たちが知っているからである。

これらの事例は、論理的に同じ構造をもっている問題が、状況描写によって難しくもやさしくもなるという、興味深い現象を示している。一九六六年にウェイソンが「四枚カード問題」として この現象を提唱して以来、現象が起きる原因をめぐって、およそ四半世紀も議論が重ねられていた。人間の認知（ものの見方や考え方）をさぐるうえで、格好の題材なのである。

論争に終止符を打ったのが、ハーヴァード大学出身の若手研究者レーダ・コスミデスとジョン・トゥービーである。彼女らは、一九九二年の論文「社会的交換に向けた認知適応」で、社会的ルール（契約）が重要である事実を、いろいろな変形問題をくり返し実施し、実験的に明らかにしたのである。これが「進化心理学」という分野の発端である。

コスミデスとトゥービーは、人間に社会的ルールを与えると、そのルールからの逸脱を検出する認知の仕組みである「裏切り者検出モジュール」が発動するとした。そしてその仕組みは、協力を続けることが有利な環境に人間が生活していたことで、自然に進化したと考えた。

また彼女たちは、心はさまざまな時期に進化した無数のモジュールからできているとして、心を「アーミーナイフ」にたとえた。ナイフやフォーク、はさみからコルク抜きまで、ひとつの柄の中に格納されたアーミーナイフは、目の前にワインボトルがあればコルク抜きが取り出され、使われる。それと同じように、社会的ルールが適用される場面になると、心から「裏切り者検出モジュール」が取り出され、論理的な判定がなされるのである。逆に言えば、社会的ルールが適用されない場面では、「裏切り者検出モジュール」は発動しないので、人間は同様の論理的な判定がなかなかできないのである。

すなわち「裏切り者検出モジュール」は、社会的ルールが適用される問題領域に限って使用されている。このような、モジュールが限定的に作動する性質を、モジュールの「領域特異性」と呼んでいる。矛盾する働きのモジュール同士（たとえば「戦う」と「逃げる」）であっても、それらの作動領域が違えば、ひとつの心の中に共存できるのである。

モジュールの考え方は、進化心理学の発足以前からすでにあった。心理学の分野では、一九五〇年代末に「認知革命」が起きて、外面的な行動を研究対象とするそれまでの行動主義心理学から、内面的な心の機能を研究対象とする認知科学（あるいは認知心理学）へと研究アプローチが大きく転換した。心理学にコンピュータ技術が導入され、思考過程をコンピュータ上のプログラムに置き換えて実証するという方法がとられるようになったのである。

複雑な心の働きを実現するには、より単純な働きをするプログラムモジュールを組み合わせるのが近道である。そうしたモジュールに相当する機能単位が、心の中に多数存在しているというのは、認知科学からすると自然な考え方であった。認知革命を支えた重鎮であるマーヴィン・ミンスキーは、『心の社会』（一九八六年）という大著で、一人前の機能をもつ多数のモジュールが寄り集まって、心の中で「社会」を形成しているという描像を提唱した。

認知科学はさらに、一九八〇代に脳生理学と融合して、認知神経科学と呼ばれるようになった。このときもモジュールの考え方は、脳研究と整合的に発展した。心の諸機能は、それぞれ脳の特定部位が担うという発想のもと、心の働きを脳に対応させる研究が今でも続いている。

こうした研究の流れの中で進化心理学は、心のモジュールが個々にできあがった経緯を、生物進化の歴史と関係づけて説明した。コスミデスらの成果によって、認知科学が生物学と強く結びつき、一九九〇年代以降、「人間の本性」をさぐる総合的な研究に展開したのである。

第3章

記憶

歪められたり、作られたり

Q 事実ではないはずのことを、なぜ確信をもって記憶する人がいるのか？

A 人間の行動は記憶が支えていると言ってよいだろう。人間は過去に学んで、将来を変えていく生物である。つまり、記憶の意義は、経験を記憶し、生き残るのに適した行動をより多くとらせることにある。そのため心の中には、あるがままの事実の記憶より、行動に便利な記憶が形成される傾向がある。個別の具体的な記憶よりも、少しは体系化された、より抽象的な記憶のほうが、将来の行動を決定するのに役に立つのだ。

また、矛盾した記憶をもっていると、決断するときに迷いが出て時間を要する。だから、なるべく簡潔で、一貫した記憶を形成しておいたほうが、速い決断が必要な昔の時代は、とくに便利であった。こうした性質のため記憶は、個人がもつ世界観や社会で共有されている知識体系にしたがって、自然と脚色されたり取捨選択されたりしている。

さらに、行動の決定に使われたり、日常で活用されたりした記憶は、生活に有効であるがゆえに強固になる。すなわち、確信がある記憶は、必ずしも「体験した事実の記憶」ではなく、「事実でないが有効に活用された記憶」の可能性がある。法廷で、確信をもった目撃証言がなされても、この記憶の特性を吟味したうえで取り扱わねばならない。

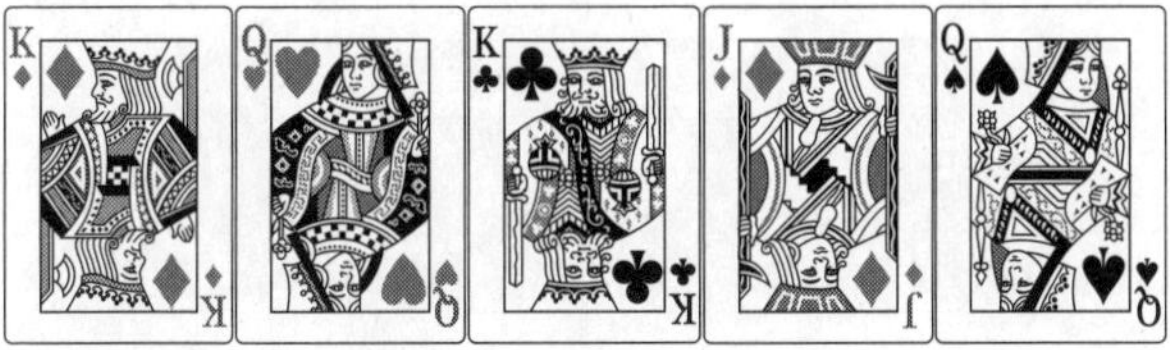

[図3・1]　5枚のうち1枚を選んで憶えてください

憶えているという自覚

まずは、図3・1を見てもらおう。

五枚のトランプのカードが並んでいるので、どれか好きなカードをひとつ憶えてほしい。どれでもいいのだが、ひとつ決めたら、それを忘れないようにしよう。

近くに紙とペンがあれば、念のため五回ぐらい書いてみるとなおよいだろう。憶えたという確信がもてたならば、次のページに進もう。

[図3・2] あなたの選んだカードが消えています

さて、図3・2を見てみよう。カードは一枚減って四枚になっている。よく見てほしい。あなたが憶えたカードが消えているはずだ。もし奇術師ならば、こう言うだろう。

「あなたがどのカードを選ぶか、私にはあらかじめわかっていたのだ」

これは古典的なメンタルマジック（超能力奇術）のひとつである。筆者の経験では、七割くらいの人々が、このパフォーマンスを不思議に思うようだ。「自分が憶えたカードだけが消えて他のカードは残っている」と思えば、「自分が選ぶカードが事前に予知されていたのか」などの不思議な気持ちになる。

じつは、図3・1にあった五枚すべてのカードが消えて、図3・2では新たに別の四枚が並んでいたのだ。不思議な気持ちになったあなたは、まんまとだまされていたのである。

図3・1では、ひとつのカードを選んで記憶したので、他の四枚にはあまり注意が向けられていなかった。前章では、注意していない事柄は、けっこう明らかな変化も見のがすと学んだが、こんどは、さほど注意していなかった事柄は記憶できていないという事実がよくわかる。すなわち、記憶できていないので、「他のカードは残っている」と思えたのである。図3・2の四枚が、「図3・1でカードを一枚選んでいるときに確かに見ていたカード」となって、記憶がつくられてしまうのだ。過去の記憶が後づけで形成された、というわけである。

ここに重要なポイントがもうひとつある。もし「他のカードは憶えていなかった」と明確に自覚していたらどうだろう。図3・1にあった他の四枚が何だったかを忘れてしまったので、図3・2の四枚と同じかどうか確かめたくなるだろう。このパフォーマンスをあまり不思議に思わなかった人々の一部は、「他のカードは憶えていなかった」という自覚が強かったためかもしれない。つまり、このマジックでだまされる過程には、注意していなかったので記憶できていないという事実に加えて、「記憶できていない」ことに気づきにくいという事態も影響しているのである。

この構図は、無関係の人物が目撃証言によって濡れ衣を着せられる仕組みと同様である。あなたが、図3・3のような五人が争っている状況に居合わせたとしよう。五人のうち一人が大けが

[図3・3] あなたは争いの現場を目撃する

［図3・4］面通しで警察に証言を求められ……

をする。あなたは、その人を助けようと近寄ったり救急車を呼んだりするが、他の四人は走って逃げていった。被害者には注目しているが、加害者の四人にはあまり注意が向けられなかったという事態である。

その後、警察から図3・4のような風貌が似ている四人を見せられ、たまたま犯罪現場に居合わせ「一部始終を目撃した人」として証言を求められる。「あなたが目撃した人たちは、これらの人々ではないですか」と問われるのである。実際には憶えていなくとも、「しっかり見ていたはずだ」と自分で思いこむと、「彼らを見かけた」という記憶が、事後的につくられてしまうことがある。彼らが容疑者であるといった捜査情報が知らされると、なおさらである。

本章では、こうした事実でない記憶の形成を中

［図3・5］伝統的な記憶観

心に、記憶の性質とその進化について考える。それをとおして、「だまされやすさ」の要因のひとつに、記憶の過信があることを明らかにする。

道具としての記憶

進化心理学の立場から考えれば、「記憶」は生き残るために動物が身につけた「道具」であると言える。記憶すると生活に便利なため、記憶能力が進化したのだ。今日ここで食べ物がとれたので、憶えておいて明日も来てみよう、という具合だ。直感的には、体験した事実をなるべく正確に記録し、それを利用するという関係だと思われる。私たちも多くの場合、こうした図3・5のような記憶観をもっている。

ところが、前節に述べた例が示すように、人間の記憶の構造はこれほど単純ではない。まずはじめに、人間の記憶は、言語によって影響を受けることが知られている。

図3・6のように二つの円を互いに線で結んだ図形を見せて、あ

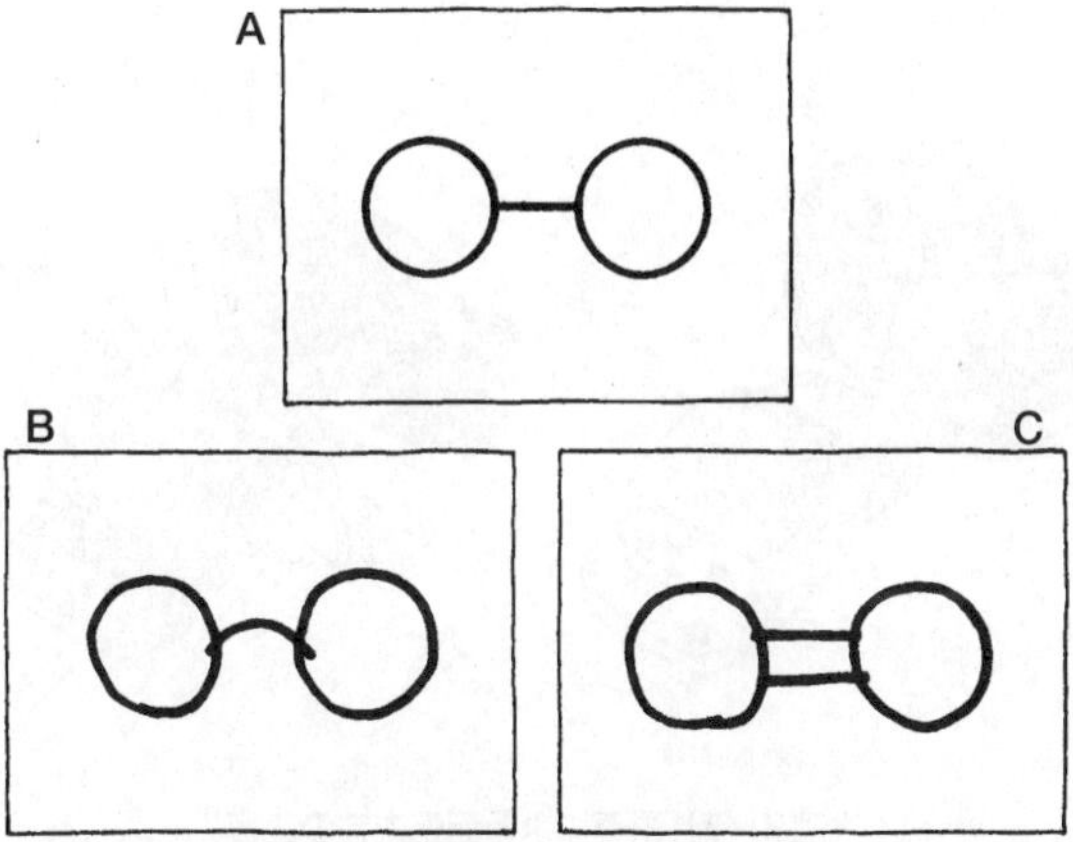

［図3・6］図形記憶の変容
A：もとの図形
B：Aをメガネと言って見せた1ヵ月後に想起した図形
C：Aをダンベルと言って見せた1ヵ月後に想起した図形

とで思い出して描画してもらう実験では、「メガネだ」と言って見せた場合と、「ダンベルだ」と言って見せた場合で大きく異なった。「メガネだ」と言って見せればもとの図形よりもメガネらしく、「ダンベルだ」と言って見せればもとの図形よりもダンベルらしいのだ。人間は図形をそのまま写真のように記憶するのではなく、概念的な解釈とともに記憶していることを示している。

この図形の変形は、カリフォルニア大学の心理学者エリザベス・ロフタス[*9]が報告したものである。さらにロフタスらの別の実験によって、記憶に働く言語の影響はあとから間接的に生じさせることが可能であることも示された。

ロフタスらは、図3・7Aに示すような事

故シーンを含む映画を見せる記憶実験を行った。映画を見せた後、質問紙を配布し、いくつかの質問に答えてもらうのだが、その質問紙には、次の二つのパターンがあった。多くの質問のうちのひとつだけが異なっていたのだ。

第一パターン：車が衝突したとき、その車はどのくらいの速さで走っていましたか？
第二パターン：車が激突したとき、その車はどのくらいの速さで走っていましたか？

「衝突」と「激突」で一単語だけが入れ替わっていた。映画を見た直後の質問の回答傾向は、両パターンの回答者に違いは見られなかった。つまり、映画の印象記憶の差異はなかった。しかし、一ヵ月後に質問に答えてもらうと、次の質問を始

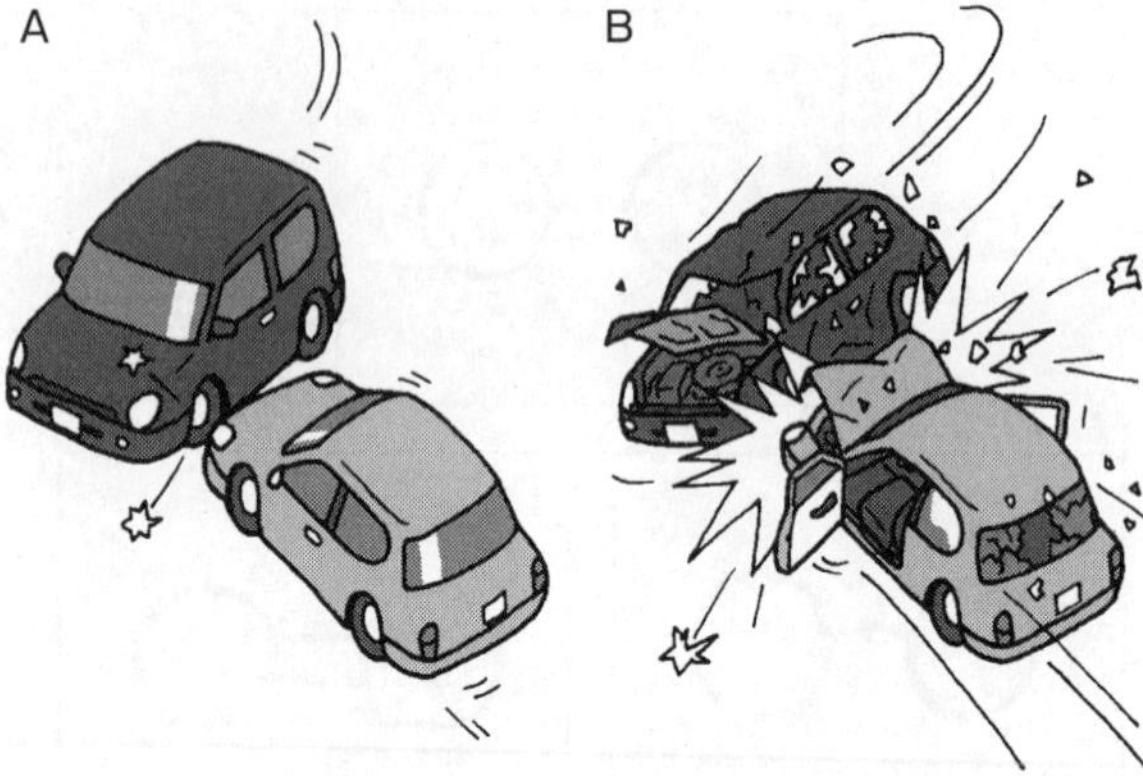

[図3・7] 誘導による記憶内容の変容

めとして、いくつかの質問に対する答えに差異が現れた。

〈一ヵ月後の質問〉

事故が起きたとき、車の窓ガラスは割れて飛び散っていましたか？

第二パターンの質問紙に答えていた人たちに、この質問に「はい」と答える人たちが現れたのである。もとの映画では図3・7Aに示すように、車の窓ガラスは飛び散ってはいなかった。しかし、「車が激突したとき」と事後情報が与えられた人々は、図3・7Bに示すような激突事故シーンを記憶形成している傾向がみてとれる。

つまり人間の記憶は、体験した事実そのものだけを記憶しているのではなく、伝聞した概念情報が合わさった記憶になっていることがわかる。

言語には、人間のあいだで概念を伝える働きがある。その働きが、しばしば記憶に影響を与え、体験した事実と異なる記憶の修飾を行うことが、これまでの例でよくわかった。では人間ほど明瞭な言語をもたないチンパンジーの記憶は、そうした修飾の可能性がなく、体験どおり記憶するのだろうか。チンパンジーの記憶を引き出すのはそれほどやさしくはないので、はっきりしたことはわからない。しかし、「そのまま憶えること」に関しては、人間よりもチンパンジーの

[図3・8] チンパンジーの瞬間記憶
写真提供：京都大学霊長類研究所

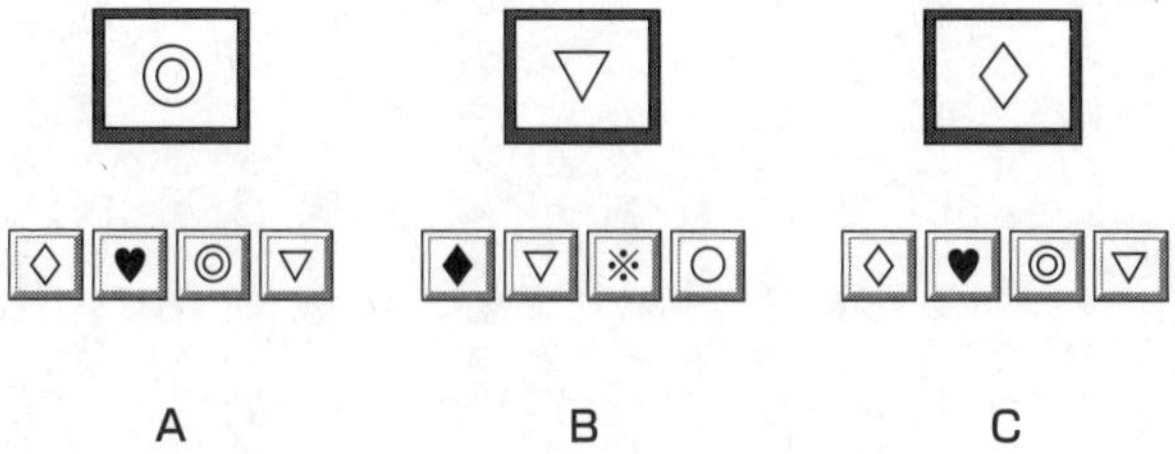

［図3・9］チンパンジーの記憶課題

ほうが、いくつかの実験で能力が高いことが知られている。

京都大学霊長類研究所の松沢哲郎らのグループでは、チンパンジーにばらばらに並べた1から9の数字を一秒ほど見せた後に、それを四角に変えて表示しても、1から9まで順番にタッチできることを示した（図3・8）。人間ではせいぜい1から3くらいまでしかできない。瞬間記憶能力はチンパンジーのほうがはるかに高い。襲ってきた大勢の敵を、すばやく認知して対応する能力として発達したのではないかと推測できる。

人間の場合は、瞬間記憶能力がチンパンジーほど高くはないが、それが代わりの能力を発達させたと、生物学者で進化心理学者のニコラス・ハンフリーは指摘する。ハンフリーが紹介するチンパンジーの実験[*10]では、図3・9のように四つのボタンが横一列に並んでおり、いずれかひとつのボタンが「当たりボタン」となり、それを押すとエサが出てくる。それぞれのボタンには図形が表示できるようになっており、加えてボタンの上部には、図形をひとつ表示できる画面がある。図3・9Aのときの当たりボタンは右から二番目の◎であり、Bのときの当たりボタンは左から二番目の▽である。もうおわかりのように、当たりボタンは上部の表示図形と同じ図形のボタンである。

このような練習を二四パターン行う。二四パターンはいずれも、四つのボタンの組み合わせや配置がすべて異なっているが、どれも当たりボタンは上部の表示図形と同じ図形のボタンである。それらの練習がすんだあと、チンパンジーにCのような問題を出す。

さて、どのボタンを選ぶだろうか。人間なら迷わず◇ボタンだろうが、チンパンジーは、◎をよく選ぶのである。その理由は、Cのボタンの並びが、Aのパターンで練習したボタンの並びと同じだからである。チンパンジーは二四パターンのそれぞれの当たりボタンを丸おぼえしていた。その証拠に、練習後に上部の図形を隠してパターンを表示しても、ほとんど当たりボタンを正答できるのである。

生物進化に関する先進的な学説を数多く提唱しているハンフリーは、人間はこうしたパターンを丸おぼえできなくなったので、代わりに規則を抽出する能力を身につけたと言う。チンパンジーのように丸おぼえできないから、規則は何だろうかと探し始め、うまく規則を発見するのだ。もし環境世界に規則があるならば、規則を使ったほうが能率がよい。

たとえば、地面を掘ったらイモを見つけた場合を考えよう。イモを見つけた状況を克明に丸おぼえすることにどれほどの意味があるだろうか。細部まで同じ状況は将来二度とやってこない。それより、イモを見つけた複数の状況の共通点を探すのがよい。ある花が咲き終わったあと、その周辺の地面を掘るとイモが見つかりやすいなどと、規則を見つけるほうが生活に役立つのだ。そうした生活に便利な体系化された記憶こそが、進化のうえで有効であったのだ。

チンパンジーのような丸おぼえ能力は、人間では退化しているようであるが、今でもその痕跡が見られる。直観像保持能力者という特殊能力者は、風景を一目見ただけで窓の数などを正確に絵に描けたり、一〇〇個あまりの数字を書いた紙を一瞬見ただけですべての数字を順番に（あるいは逆順に）そらんじたりできる。

フラッシュカードという方法で小さいころから訓練すると、一般人の多くもある程度の瞬間記憶ができるようである。たとえば、多数の小さな斑点が不規則に描かれた紙を一瞬見ただけで、即座に「四八個」などと、斑点の個数を正確に答えることができる。しかし、チンパンジーのような瞬間記憶ができないことで人間の繁栄がもたらされたとすれば、そのような瞬間記憶を訓練することに、はたしてどれだけの意義があるのか、疑問に感じられる。

記憶は丸おぼえでなく、利用しやすいように再構築されているという事実については、筆者にも鮮明な体験がある。筆者は二〇〇二年に一年間アメリカに滞在した。かなり片言に近い英語で

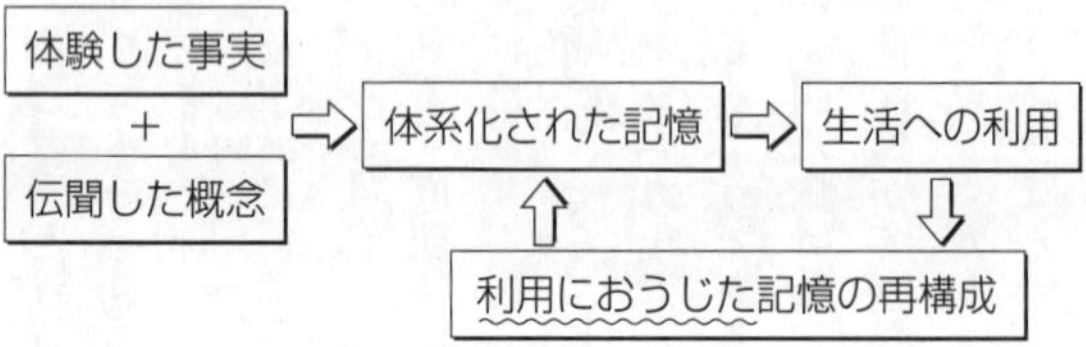

[図3・10] 現代的な記憶観

苦労して生活していたが、それから一〇年近く経過した今では、現地の方々の発言の記憶が、なんとすべて日本語になって思いおこされるのである。

さて、人間がもつ記憶という道具の特性をまとめてみよう。あるがままの事実を記憶することが、必ずしも生活に便利なわけではなかった。自分で体験した事実に加えて、周囲から聞いた概念や知識が影響して、記憶は体系化されるのだ。

そして、体系化された記憶が生活に利用されれば、さらに強く定着する。図3・10に示すように、利用するうえで不具合があれば、利用できるように記憶は再構成され、ときには大きく変容するのである。体系化された記憶が、自然法則のような確実な規則であればなおよい。最近の数百年間で証明されたように、自然法則は文明を支えるほどの大きな効力をもつのである。

[図3・11] あなたは4人の人々を目撃する。10秒見たら次ページへ

[図3・12] どちらが、あなたの目撃した人ですか？

行為が強める記憶

前に述べたように、目撃証言という行為には記憶違いの問題が潜在している。記憶は生活の道具であり、生活に役立つように変容しているはずなのだ。あるがままに記憶するという能力は、人間には進化していなかった。そんな写真のような記憶能力は、生き抜くのに有用ではなかったのだ。にもかかわらず、目撃証言者には過剰な期待がかかってしまっている。

エリザベス・ロフタスの実験によれば、冤罪《えんざい》が発生する背景に記憶の変容があるが、さらに行為がそれを増長していることがよくわかる。図3・11～13の一連のテストを体験してみてほしい。

〈体験したのちに次へ読み進む〉

図3・12では、EとHを選んだ読者が多いだろう。図3・12には、目撃した人は一人もいなかったのだが、選ぼうとすると、目撃した人々の一部と髪型が同じだったEやHを選んでしまうのである。EやHを選んだ場合、図3・13では、依然としてEやHが選ばれ続けることが多い。BやCは目撃した人々に含まれているのにもかかわらず、である。そうした読者が図3・11を再度

[図3・13] あなたの目撃した人は、どちらでしたか？

見ると、EやHがいないことに驚くだろう。

この構図は、目撃した人だとして選ぶ行為が、目撃した人の記憶を塗り替えてしまい、真に目撃した人が現れても、目撃した人だと思えなくなってしまう可能性を示している。つまり、髪型が似た人（EやH）が冤罪を着せられる構図である。目撃証言者が非常に大きな確信をもって「私が見たのはあの人です」と言うときも、じつは過去に「目撃した人」を迷いながら選ぶ段階があったと考えられる。その選ぶ行為が内心で正当化され、実際は誤って選んでいるにもかかわらず、確信をともなった記憶を形成しているのだ。

目撃した犯人を特定する「面通し」が、この誤りの侵入の場となりやすい。面通しされる人物のうちに犯人はいないかもしれないと目撃者に伝えるとか、面通し時に捜査情報が与えられて目撃証言が誘導されないようにするなどの、工夫が必要とされる。

こうした記憶の改変や形成は、他者から要求されたことが明らかな行為であっても発生することが示されている。社会心理学者のダリル・ベムらの実験[*11]では、二種類の色のランプのうちのいずれかが点灯するようにして、被験者に電気ショックを与えた。被験者はボタンを押すと電気ショックを止められるが、一方の色が点灯したときはすぐにボタンを押し、他方の色が点灯したときには可能なかぎり我慢するように要請された。練習を繰り返したあと、ショックの評定をすると、電気ショックは物理的に同じものであったが、両者で差異が現れた。すぐにボタンを押せるランプが点灯したときの電気ショックに対しては不快であるという評定が、可能なかぎり我慢するよう指示されたランプが点灯したときの電気ショックに対しては、より好ましい評定がなされたのである。

電気ショックにどのように応答するかは、他者から要求されたのではあるが、「自分は我慢したのだから、電気ショックは好ましいのだ」という自己知覚が、印象の記憶を形成したと考えられる。自分の行為が内心で正当化されて、それにふさわしい記憶がつくられたのである。日常で繰り返す行為は、社会的に正当化された「生きるのに有効な行動」に相当する。だから、その行為を繰り返しやすいように記憶が改変されるのである。その記憶改変の仕組みが、進化の途上で備わったわけだ。

思い出の記憶

そんなに記憶が改変されやすいのならば、幼いころの記憶はかなりあてにならないと思われる。他の実験では、げんに幼いころの記憶を実験者の意図どおりにつくりだすことに成功している。これには「想像」も関係してくるので、第5章であらためて述べるが、ここではちょっと筆者の体験を披露しよう。

筆者の娘がまだ幼稚園児であったとき、妻が交通事故にあった。夕食後に妻は、大通りをはさんで自宅の向こう側にあるレンタルビデオ店にビデオを返しに行った。筆者は下の息子を風呂に入れた後で、子ども二人と一緒に子ども向け番組を見ていた。ビデオ店は往復五分ほどの距離なのだが、妻はなかなか帰ってこない。不審に思っていると、救急車のサイレンが鳴り響いた。

筆者は「妻が交通事故にあった」と確信したが、子どもたちをおいて家を出るわけにはいかず、とりあえず外に出られるように服を着がえた。あまりとりみだして子どもたちに不安を与えるといけないと思い様子を見ていたが、幸い子ども向け番組に夢中であった。救急車で運ばれているとすれば、今外に出ても無駄で、むしろ病院からの連絡を待つのがよいだろうかなどと、子どもたちの背中を見つめながらいろいろ考えていると、電話が鳴った。

妻本人からの電話で、バイクとぶつかって病院に運ばれたという。四車線の大通りが渋滞していたので、車のあいだをぬって横断したところ、脇を走っていたバイクにはねられたそうだ。幸運なことに、打撲とすり傷ですみ、まもなく手足に包帯を巻いて帰ってきた。

その後この事件は、我が家の笑い話になっている。ところが、成人した娘がこのころを振り返って「お母さんがなかなか帰ってこないと皆で心配していたのよね」と言いだしたのだ。実際はテレビ番組に夢中になっていたのだが、笑い話として何度も聞いているうちに、それらしい光景に記憶が変容したようである。筆者自身、幼いころの記憶の変容がごく一般的に起きることを直接体験し、驚いた事例である。

脳生理学の臨床実験で大脳の側頭葉を刺激すると、忘れかけていた過去の体験記憶が夢のようによみがえってくることが知られている。一九六〇年ころのこうした生理学的実験結果とあいまって、深層心理学にもとづく心理臨床では、次のような学説にもとづくセラピーが一般化していた。

それは、過去の体験のほとんどは、思い出せないだけで本当は記憶に残っている。心理的に不安定になっている人の多くは、幼いころの強烈な体験記憶が心理的に抑圧されていることが原因になっている。そして、その抑圧された強烈な体験を思い出すことができれば、心理的な問題も解消できる、というものだった。

その結果、セラピーの過程で、カウンセラーが抑圧された体験を引き出そうとして、先の目撃証言と同様の誤りの記憶が、セラピーを受けるクライアントに数多く発生した。それらが、次々と法廷に持ちこまれたのだ。次が典型的な事例である。

「一九九二年、ミズーリ州のラザフォードという女性が教会のカウンセラーによるセラピーを受け、七歳から一四歳まで、牧師である父親から定期的に性的暴力を受けたうえ、父が自分を押さえつけるのを母親もときおり手伝ったという記憶を思い出した。（このセラピーの過程で）父親が彼女を二度も妊娠させ、彼女自身にハンガーで堕胎させたという記憶も持つようになった。このことが公になったとき、父親は牧師をやめなければならなかった。しかしその後、彼女は医学

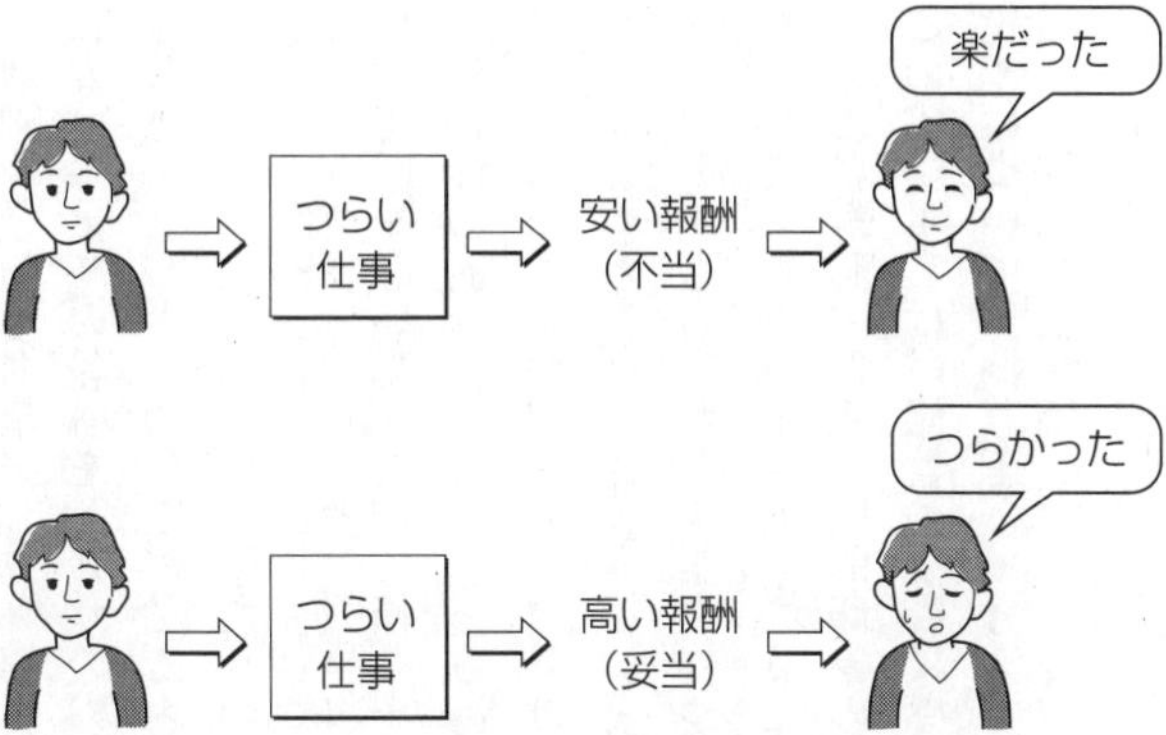

[図3・14] 重労働の印象記憶の変容実験

検査を受け、二二歳で処女であり、妊娠したことは一度もないことが判明した。彼女はカウンセラーを告発し、一九九六年、一〇〇万ドルで和解が成立した」[*12]

こうした記憶の変容が、カウンセラーがもつ学説に合ったかたちで発生したことは注目に値する。個人のもつ世界観や、集団で共有されている知識体系に沿うように、過去の記憶が変容したり後から形成されたりすることは、ことのほか多いのである。つまり、人間においては、個々の記憶よりも知識のほうが強いとも言える。個々バラバラに記憶しているよりも、一貫して整合的な知識をもつことで、迅速な対応ができるからだろう。

社会心理学者のレオン・フェスティンガー[*13]は、心理的な状況設定を行うことで、記憶の変容が整合性を保持する方向に生じることを明らかにした。彼は、実験参加者に、ある種の面倒でつらい仕事をさせた。その後、参加者の半数には、不当に安い二ドルの報酬を、残りの参加者には、妥当な二〇ドルの報酬を与えた。実験直後の仕事の印象は「つらかった」と総じて否定的だったのだが、一ヵ月後のアンケートでは、二ドルの報酬を与えた参加者の中に「楽だった」などの肯定的印象を抱く者が現れた（図3・14）。

二ドルの報酬をもらった参加者は、つらい仕事と不当な報酬のあいだに不条理を感じたに違いない。実験を思い出すたびに憤りを感じたかもしれない。そこで、心理的な安定を形成するために、整合性のある物語をつくったのだ。「仕事はたいへんなところもあったが意義ある内容だった。だから二ドルの報酬でも自分は十分だった」という具合だ。

ここで重要な点は、仕事に対する内的印象のほうが変容していることだ。二ドルもらったのに、二〇ドルもらったと物語を作っても心理的安定につながるのだが、そうなってはいない。これは、いくらの金額をもらったかという記憶が、外的な他者の行為がかかわっているので変更しにくいのに対し、個人の内的印象の記憶は、きわめて変更しやすいことを意味している。

この実験事実は、記憶の変容に感情が関与する傾向も示唆している。次章では、感情の進化的な役割について、掘り下げて考えてみよう。

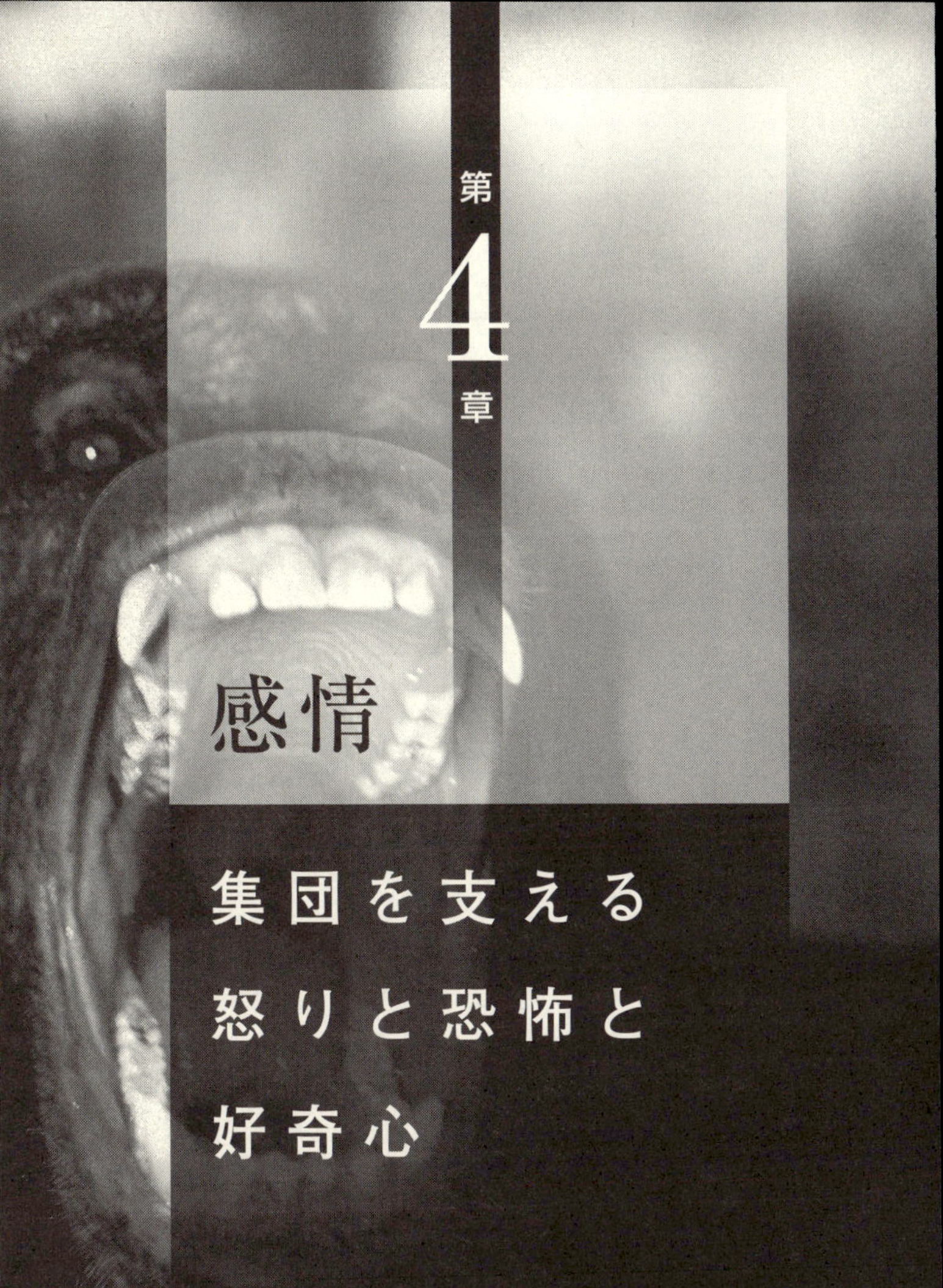

第4章

感情

集団を支える怒りと恐怖と好奇心

Q 危険でないとわかっていても、なぜヘビは怖いのだろうか?

A 私たちが身につけている感情の多くは、生物進化の歴史のうえで古い動物の時代に起源をもっている。中でも恐怖感情はとくにそうである。せまりくる危険を察知した段階で、恐怖はいち早く、その危険に対する準備態勢をとらせる役目を負ってきた。生命にかかわる危険があれば、それは最優先である。理性的にあれこれ考えることは後回しにせざるをえない。だから、「危険でない」という理性的な認識よりも、「怖い」という感情のほうが、力強く心の中を支配するのである。

しかし、古い時代に危険であったものが、現代社会では危険でなくなったものも多い。だが、依然として私たちは、古い時代のままに恐怖感情を発揮する傾向があるのだ。そうした感情発揮の一部は、現代社会に不相応なばかりか、ときには私たちの生活に弊害を及ぼすほどである。

感情が生まれた進化的背景を理解できれば、個人としては、感情のセルフコントロールなどの面で生活に活用できる。また社会としても、感情を適切に発揮する仕組みや制度を考える手がかりになるだろう。

恐怖症

暗闇恐怖、高所恐怖、閉所恐怖、水恐怖、ヘビ恐怖など、私たちはさまざまな対象に恐怖を感じる。さらには、見知らぬ人に対する対人恐怖や、愛着をもった人との別れに対する分離恐怖など、人間関係に関する社会的な恐怖感情もいろいろ知られている。

恐怖とは、生物が生まれながらにもっている、危険に対処する心の仕組みである。恐怖を感じる状態になれば、心臓はドキドキして、手に汗握り、他の考えは頭から一掃され、恐怖の対象に意識を集中する。たとえば、何らかの敵が暗闇から襲ってくれば、生死を賭けた判断を一瞬にしてくださねばならない。戦うか逃げるか、どちらにしても俊敏な行動が求められるので、心臓というポンプが手足に血液を送り、準備を整えるのである。

しかも、この準備は「過剰」になりやすい。本当に危険かどうかわからない段階でも、平静であってはいけない。危険が確実になるまで様子を見ていたら、準備が遅れて命にかかわるかもしれないからだ。時間がかかる論理的な思考も一時ストップせねばならない。つまり、ちょっとの危険でも敏感な「恐怖を感じやすい生物」が、生き残るのである。

今日まで生き残ってきた私たち人類も「恐怖を感じやすい生物」である。しかし、現代の生活環境では必要がなくなった恐怖感情も多い。危険なヘビがいない環境では、ヘビ恐怖はもはや役に立たない。さらに、弊害が生じた恐怖感情も多い。ある種の危険に敏感な人は、しばしばその恐怖がこうじて日々の生活に支障が出るほどになり、「恐怖症」と呼ばれる。高所恐怖症の人は都会の高層オフィスでは働けないし、閉所恐怖症の人は満員電車やエレベータに乗れない。生き残るために鋭敏になった感情が、現代社会でかえって災いになるとは、皮肉なものである。ヘビ恐怖症であると、理性的には危険がないと知っていても、強い恐怖を感じてしまう。ヘビ恐怖症の人は、ゴムのおもちゃのヘビに対しても強い恐怖をいだく。「ゴムのおもちゃだ」とはっきり確信していても、である。筆者は小学生のころ、恐怖症とまでは言えないが、暗闇に恐怖を感じていた。夜、部屋の電灯を消したりつけたりすると、消した数秒だけに恐怖がこみあげてくるのを感じ、不思議に思って何度もスイッチをつけたり消したりしたものである。

恐怖症には、どのように対処したらよいのだろうか。ヘビ恐怖や暗闇恐怖については、怖い対象に近づかないようにすることができそうだ。現代の生活環境では、ヘビや暗闇を排除することが可能であり、かりに恐怖症であっても日々の生活で恐怖を感じずにすむ。しかし、対人恐怖などの社会的恐怖はそうはいかない。なんとか克服する方法を模索しないと生活に支障をきたす。そのためには、その感情の進化的な背景をさぐる進化心理学が重要となる。どのような進化的な必要性でその感情が生まれてきたかを理解すれば、おのずと対処法も明確になってくるものだ。

環境が進化を促進する

アフリカの草原に暮らすチーター（図4・1）は世界最速の動物として知られる。数秒で時速一〇〇キロメートル近くまで加速して、獲物になるガゼル（図4・2）などを追跡する。長く走り続けることはできないので、茂みに隠れて獲物にじょじょに近づき、一気に追跡して十数秒でかたをつける。獲物とされるガゼルもけっこう足が速いが、チーターほどではない。だから、茂みに隠れた敵にいち早く気づき、すぐに逃げるのが生き残る道である。

ガゼルが人間のように「恐怖を感じる」のかどうかは別にして、危険察知能力はたいしたものである。追われるとつかまってしまう距離に何か不審な動きがあると、すぐに逃げ出す。何頭か群れになっているのは、その危険察知の仕事を群れで分担しているからである。近くのガゼルが危険を察知して逃げ出せば、どのガゼルもいっせいに逃げていく。それでも、チーターにつかまるガゼルがいる。総じて、危険察知能力が低かったり、足が遅かったりするガゼルがつかまってしまうのだ。

結果として、ガゼルの危険察知能力が、チーターの存在によって進化する。危険察知能力の低い個体は、チーターにつかまり、子孫を残せないので、より高い能力の個体が選択的に生き残る。こうした「自然淘汰」の過程で、現存するガゼルはみな、高い危険察知能力を遺伝的に保有

［図4・1］チーター
photo : p.schwarz/Shutterstock.com

［図4・2］ガゼル
photo : Johnathan Esper/Shutterstock.com

[図4・3] ハイエナ
photo : p.schwarz/Shutterstock.com

している。

　これを逆に、チーターの側から見ると、そこにも過酷な生存競争が見いだせる。もたもたしていたガゼルに追いついて引き倒したチーターは、その首にかみついて窒息死させるのが常套手段だ。チーターの頭部は小さく、あごの力が弱いので、すぐにかみ殺すことはできない。肉を引きちぎるのにも時間がかかるので、獲物を殺した後は、他の捕食動物に見つからないように茂みに隠して食べる。

　獲物を仕留めたことをハイエナ（図4・3）に見つかりでもすれば、もう終わりである。チーターはハイエナと戦って勝てる力をもってはいない。戦いに勝利するのも、かみつき能力が決め手なのだ。高速走行能力に加えて、かみつき能力も高ければなおよいのだが、そのために頭部が大きくなると高速走行に支障があるのだ。

チーターの高速走行能力も進化の賜物である。より速く走る能力をもったチーターがより多くの子どもを残し、その能力が高まったのだ。ガゼルなどの俊敏な獲物がたくさん生息するアフリカの草原環境でチーターは、高速走行能力のほうを選択したのである。

このように、環境が特定の生物に対して、特定の形態や機能を強く要求する状況になっていることを「淘汰圧が高い」と言う。草原の環境では、足の速いチーターを選択的に生き残らせて、足の遅いチーターを淘汰する圧力が働いていると考えるのである。ガゼルの視点から考えれば、この状況は同時に、チーターの存在がガゼルの危険察知能力を高める淘汰圧になっている。

さて、あくまで仮定の話だが、アフリカの草原でチーターなどの捕食動物が絶滅してしまったら、ガゼルはどうなるであろうか。食べられてしまう危険がなくなって生息数が増えるだろう。危険察知能力を高める淘汰圧は失われ、以前ほど俊敏でなくても生き残れるようになる。すると、危険察知能力は多様化する。祖先の遺伝子を引き継いで危険察知能力が高い個体もいれば、遺伝情報のコピーミスでその能力が低くなった個体もいるという、多様な状態になる。

同様に、私たち人間の危険察知能力も、環境の危険性が低下したのにともなって淘汰圧が低下し、多様化したのだ。ヘビ恐怖は、かつて近くに毒ヘビがいた生活環境では有利であったが、今では意義が失われた。その結果、ヘビをひどく怖がる人から、まったくへっちゃらの人まで、多様な個性をもつ人々が生きる世の中になったのだ。

多様性の価値

人間が多様な個性をもつようになったことの背後には、もっと積極的な理由がある。それは、「協力」である。オオカミやチンパンジーなどの集団を形成する動物にもある種の協力が見られるが、人間の協力は他の動物の協力とは異なり、きわめて体系的かつ柔軟である。その意味で協力は、人間と他の動物を区別する代表的な行動特性と言える。複雑な協力が進化すると、自然淘汰は行動に多様性をもたらすのである。

先に述べたように、淘汰圧が高い環境は、形態や機能の均一化をもたらす。チーターは足の速い個体ばかりで、かみつき能力の高いチーターはいないのであった。ところが、集団で協力ができれば、事情が異なる。形態や機能が多様化できるのである。

たとえばオオカミは、集団でかなり戦略的な狩猟を行うことが知られている。一部のオオカミが獲物となる動物の群れを追い立て、他のオオカミが、獲物が逃げる先を予想して待ち伏せし、予想どおり逃げてきた不幸な獲物をとらえ、最後には集団で分けて食べる。このかたちの狩猟の場合、走行能力が高いオオカミを追い立て役に、かみつき能力が高いオオカミを待ち伏せ役にすれば、全体として効果が高い。すると、走行能力とかみつき能力はそれぞれ進化できる。走行能力が低くてもかみつき能力が高ければ、集団の中で待ち伏せの役割を担え、集団として（そして個体としても）生き残っていけるからだ。

実際のところ、オオカミが個体ごとに役割分担をして狩りをしているのかどうかは定かではないが、チンパンジーの場合は、集団内に明白な地位や役割があることが知られている。だから、初期の人類が大きな獲物を狩るときに、獲物を探す人、追い立てる人、槍《やり》を投げる人、さらには、槍をつくる人やワナをつくる人まで分担を進めるようになったことは、容易に推測できる。現代の人間が、多様な能力をもちあわせていることや、多様な個性を示すことは、人間が協力集団を形成しながら進化してきたことのあかしなのである。

恐怖の反対：冒険心

恐怖とは、危険を回避し、安全な行動をとらせる感情である。危険を回避すれば個体として、確かに生き残る確率はあがるだろう。しかし、危険を回避する個体ばかりの集団では、新しい可能性がひらけていかない。ときには、危険をかえりみず、挑戦する個体が集団には必要なのである。そうした心理的特性は「冒険心」や「好奇心」である。進化心理学の考察のうえでは、これらは恐怖の反対感情と言ってもよい。

こわがり屋ばかりの集団と、冒険心をもつ人がいる集団ではどちらが強いかというと、後者であろう。なぜなら、冒険心をもつ人がいるほうが新しいことを生みだせるからである。しかし、冒険心をもつと危険なのであれば、生き残るうえでは不利になってしまう。そのままでは、生存競争の中で、冒険心をもつ人は淘汰されてしまうだろう。したがって、集団の中では、冒険心をもつ人を重んじる傾向が必要である。冒険から帰ってきて未知の土地の様子を話す冒険家は、尊敬を集めたにちがいない。こうした尊敬の念や名誉などの感情が、冒険家を重んじる働きをしていたのだろう。

感情の進化を考えると、感情が個人の生き残りだけでなく、人間集団の生き残りに大きく寄与していることが理解できる。また、感情の表し方に個性があることが、集団の発展を支えている現実もわかる。このように進化心理学の観点から感情を整理することで、人間は本来どのような存在であるかがさらに理解できそうである。

ところで、好奇心に近い短期的感情に、「驚き」がある。私たちは、予想と違った現実を見て驚き、不思議に思うわけである。その予想外れを、たんに予想の「誤り」としてしまえば、驚きとは後ろ向きの反省作業のきっかけにすぎない。しかし、予想外れを「新たな理解の始まり」と前向きにとらえれば、驚きとは好奇心発揮の端緒である。不思議だなと思う感じから「人間の本性」にせまる本書も、好奇心を刺激する「驚き」を提供できていれば幸いである。

［図4・4］牙を剥いて怒りを表出するチンパンジー
photo : Ronald van der Beek/Shutterstock.com

恐怖を与える怒り

集団で行動する動物においては、感情が集団を支える方向に進化をとげた。その代表例は「怒り」である。チンパンジーの集団では、怒りの表明がよく行われるが、それは集団の中での階層関係の確立に寄与している。上位の個体が口を大きく開けて牙を見せる（図4・4）と、下位の個体は恐怖の表情を見せる。相手に恐怖を感じれば服従がうながされ、恐怖の表出は服従の印なのである。両個体の上下関係が確認できれば、無用な戦いは行われない。

危機察知能力として進化した恐怖感情に加えて、その恐怖を誘導する怒り感情が生まれた。それにより、社会的な関係を形成する役割が感情に生じたのはおもしろい。ところで人間は、チンパンジーほど好戦的ではない。口を開けた威嚇などは行わないし、そもそも牙は退化している。人間には、うらみやねたみなどの複雑な感情が進化しているので、怒りの役割が減っているのか

［図4・5］手のりインコのキュウちゃん

もしれない。

考えてみると怒りは、思いどおりにならない状態に直面したときに誘発される感情でもある。自分で自分の行為の結果に怒っても、通常なんの意味もないが、相手の行為の結果に怒れば、しばしば相手の行為を変える機能をもつ。怒りは、社会的な側面がきわめて大きい感情なのだ。

子どもの怒りには、また少し別の機能がある。子どもの場合にかぎり、自分の行為の結果に怒っても、一定の機能が期待できる。親などの周囲の人間が助けてくれるのだ。いわば、「甘えとしての怒り」である。

我が家の一員となっている、手のりインコのキュウちゃん（図4・5）は、怒りの表明方法を覚えた。鳥かごの上を小さく円を描いて飛んで、「チッ、チッ」とかん高くさえずり、鳥かごに止まってはそこに頭を二、三回打ちつけるという行動を、三回ほど繰り返すのだ。それを見せつけられると私たちは、「キュウちゃんが怒っている」と確信し、おいしいお菓子を少しあげてしまう（本当はあげてはいけない）。思わず甘やかしてしまうということだ。

イヌやネコなどのペットを飼っている人は、きっと似たような体験をしているだろう。そうしたペットは言葉をしゃべるわけではないが、感情表現によるコミュニケーションは得意である。感情は生物進化の歴史のうえで、言語よりもずっと古い時代に成立したコミュニケーション機能であると言えよう。

人間社会では、理性的な言語で話をすべきで、感情的にふるまうのはよくないと見られがちである。しかし、人間の場合であっても、感情的なふるまいは集団の形成や維持に大きく寄与している。たとえば、ルールや掟《おきて》の違反者に対して怒りを表明すれば、その人に集団の規律を守るようにうながす効果がある。[*14] 怒りが違反者に感知されれば、違反者は何らかの攻撃を受けると予感するからである。

感情的な攻撃は、理性的な罰則よりも違反行為の抑制効果が高い。感情的になった人は、自分の不利益をかえりみずに攻撃してくるので、より危険だからだ。逆に言えば、理性的な人は、攻撃を行うことにともなう自分の損失をおもんぱかって、ついつい攻撃が弱まってしまう。理性的であれば攻撃が小さいと予測され、違反もされやすくなるわけだ。

具体的には、義理や人情を重んじて、すぐに感情的になるヤクザの親分を想像されたい。攻撃にともなう損失を問題にしない姿勢表明が、掟違反は許さないぞ、という警告になるのだ。そうした親分のもとでは、集団の結束力が高まり、協力はかえって良好になるのである。

怒りにかぎらずもろもろの感情は、個人の短期的な利益を超えて集団の利益を高め、また同時に、個人の長期的な利益を高めるように進化したと言える。

恐怖症の克服

うちのインコのキュウちゃんは、ヒナのころからもう一二年、ずっと我が家で暮らしている。かつて一度も外に出たことがないのだが、窓の外をカラスが飛び、家の中をその大きな影が横切るとたいへんに怖がる。上空に何か大きなものが飛べばとにかく逃げるという反射的な行動が、生まれつき備わっているようだ。

鳥の本能的な行動は非常に強固だが、人間の場合はそれほどでもない。生まれながらの恐怖もある程度は変更が可能である。恐怖の状態にあっても実際に危険がないという体験を重ねれば、その状態に「慣れる」のである。筆者の暗闇恐怖も、幸か不幸かもうなくなってしまったが、今ふりかえれば、電灯のスイッチをつけたり消したりしているうちに暗闇に慣れてしまったように思う。

しかし、恐怖症ともなれば、単純に慣れようと努力しても難しい。恐怖の進化的な経緯をふまえて、進化心理学の立場からその克服法を検討してみよう。

恐怖は、危険を予感した生物が、俊敏な行動がとれるように、先行して身体的な体勢を準備する仕組みであった。だから、暗闇恐怖を克服する第一の手段は、「危険はなかった」と実感することで、恐怖の体勢が解除されることを狙うわけである。

ところが、暗闇恐怖症の場合は、暗闇に身をおいただけで、絶え間なく恐怖が増強される。心の中での想像がまた恐怖を生んで、危険の予測が増大していると思われる。しかし、強い恐怖に対応した俊敏な行動の準備は持続できない。心拍数や発汗量の極度な増加は、ホルモンの大量分泌にともなう一時的な現象である。つまり、その準備態勢は通常、一〇分以内に解除されるのである。

暗闇恐怖症の克服法のひとつは、耐えられる程度の薄暗がりを体験し、恐怖を実感したら、なるべくそれから気をそらすように努力して、一〇分間やり過ごすことである。その間に強い恐怖は低減していき、あとには「耐えられた」という達成感が残るにちがいない。そして、薄暗がりをだんだんと暗くしながら、この行動を繰り返していくとよい。こうした方法は、心理療法のうちの「行動療法」アプローチに該当している。

対人恐怖などの人間関係にまつわる恐怖症は、もっとやっかいである。現代の生活状況では克服が必要な恐怖症であるにもかかわらず、暗がりのように自分でコントロールしきれないので、克服がしにくい。まずは、進化的な背景を見ていこう。

人間が集団生活を営み、その環境に適応するようになってから、人間関係にジレンマが発生した。人間集団の中には「協力」行動だけでなく、「敵対」や「裏切り」の行動も同時に進化するようになった。敵対したり裏切ったりすることで個人の利益があがるので、それも重要な生き残り戦略なのだ。その結果、協力者なのか敵対者なのか、他人を識別する必要が生まれた。ところが、見知らぬ人間についてはすぐには識別できず、対応に困るジレンマ状態になってしまうのである。

つまり、残念ながら、私たちの祖先が生活してきた環境の中で「襲ってくる敵」には、ライオンやクマだけでなく、まさに人間自身も含まれていたのである。だから、見知らぬ人を恐れる対人恐怖は、ひとつの進化的な適応行動とみることができる。

では、社会的な恐怖症はどのように克服可能か、あがり症を例にとって考えてみよう。あがり症とは、大勢の人が集まる場におかれた人が、衆目が集まることに対して感じる、行きすぎた恐怖である。不特定多数から見つめられる状況は、「襲ってくる敵」が多数存在する可能性がある状態であり、本能的に危険を感じてしかるべきである。そうした危険察知能力が私たちに身についているのは当然とも言える。

あがり症の克服に、先の暗闇恐怖症と同様の方法を適用しようとすると、ときに問題が生じる。まずは小さな会場で、人々から見つめられても大丈夫、「危険はない」と体感しようとしても、しばしば失敗するのだ。相手の反応が見えてしまい、恐怖と感じられかねないからだ。

よく舞台であがらないテクニックに「観客をカボチャと思え」というのが紹介されるが、うまくいかないことが多い。観客はカボチャと違って、表情も変化するし、ときに笑いもする。たとえば、会場から笑いが聞こえてくれば、舞台にいる者は嘲笑されたと感じてしまうのだ。自分が笑われると、それは集団からの排除などの直接的な危害を連想させる。「危険はない」と体感するはずの場で、「げんに危険があった」と恐怖が正当化され、かえって恐怖が増幅し、それが記憶されてしまう。

こんな場合には、「考え直し」が役に立つ。たとえば、笑われるのは人気者のしるしだし、だから、なるべく皆の笑いを集めようと思って舞台にあがるのだ。ちょっとした解釈で恐怖の増幅を抑えられ、恐怖の低減に向かうサイクルに自らを誘導できる。こうした方法は、心理療法のうちの「認知療法」アプローチに該当している。

最近では、漠然とした対象に弱い恐怖を持続的に感じる不安症状も問題になっている。進化論的に考えれば、持続的な恐怖とは、危険に対して俊敏な行動をとるための準備が続いている状態である。そんな状態が続けば、健康に悪影響があるのももっともだ。もし不安が、俊敏な行動への準備の持続ならば、実際に「俊敏な行動」をしてしまえば、その準備態勢はリセットされると考えられる。

よく「ストレス解消には運動がよい」と言われるが、ストレスが不安の積み重ねに起因しているのであれば、進化論的にはかなり納得できる。というのは、運動すれば、危険への準備態勢がリセットされ、不安の積み重ねによるストレスは、一時的にせよ軽減されるだろうからだ。

怒りの克服

先に議論したように、怒りの進化論的役割は、攻撃の予告により社会的な上下関係を確認することである。上位者が怒り、下位者が恐れる関係により、実際に戦うことなく集団が安定化する。チンパンジーの集団では、このような階層関係を基盤にして協力が行われている。

一方、人間の集団はずっと対等な協力関係であり、怒りの進化論的意義はかなり薄れている。だから、良好な夫婦関係、親子関係、友人関係などにおいて、怒りの感情は必要なくなってきている。しかし私たちは、不満があると、ときに怒りを高まらせてしまう。

怒りの役割が警告であり、本能的に相手の服従を求めているのだとすれば、問題は大きい。対等な協力関係には、相手の服従はなく、高まった怒りの引き受け手がいない。怒りはその矛先を失って、さらに高じて暴発を招いてしまう。

だから、対等な協力関係では、不満を怒りにつなげないのが得策だ。不満であることだけを率直に伝える方法を見いだし、不満情報を共有するのだ。そして、その不満の解消に向けてできることはないかを、皆がともに検討するのがよい。

感情のコントロール法や利用法にたけている人を「感情知能（EQ）が高い」と言うが、さまざまな感情について進化的な背景を知ることは、EQを向上させる近道である。感情の表明方法を少し工夫するだけで、人間関係の対処にかなり有効である。

また、個々の感情の特性を把握することでも、多くの応用が考案できる。たとえば、怒り状態など、感情が高ぶった状態では、記憶力が向上することが知られている。重要な状況はよく記憶する必要があって進化したのだろうが、それを使った「感情による記憶術」が考えられよう。進化心理学の面での検討を重ねれば、今後もさまざまな応用が考案できるだろう。

コラム② 協力集団が人間らしさをつくった——進化心理学の意義——

すでにダーウィンが、生物進化によって遺伝的に決定される心の部分があると、『人間の由来』（一八七一年）の中の「道徳起源論」で主張していた。その後も生物学者たちは、くり返し「心の進化」を主張してきた。たとえば、動物と重ねて人間の攻撃性を論じたローレンツ（一九六三年）や、「血縁びいき」の程度を定式化したハミルトン（一九六四年）があげられる。

ところがかねてより、生存競争によって生き残るという主張は動物には適用できても、人間には無理だとする、根強い批判があった。とくに人間の心には、他者への思いやりや親切心などの、とても利己的とは思えない性質があり、心が生存競争によって進化的に形成されたとする考えは不合理に見えた。そのため生物進化の考えは、伝統的な心理学の分野では、ほとんど無視され続けていたのである。

しかし一九九〇年代に進化心理学は、進化適応環境として狩猟採集時代を特定することで、この問題に新たな視点を提供した。狩猟採集時代の人間の協力集団では、チンパンジーなどの動物の群れとは本質的に異なる、「心の進化」がもたらされたと説明できたのである。

チンパンジー同士の間でも、他者を助ける行為は観察される。しかしそれは、要求によってなされる服従に近く、上位の個体が下位の個体を助けることはめったにない。第2章で紹介したように、チンパンジーは腕さしを理解して他者の意図をくみ取るが、それは他者が何かを取ろうとする行為をいち早く感知するための機能にちがいない。

一方、私たちが日常的に行う指さしは、他者に知らせることを直接目的にした行為である。他者が親切にも「何かを教えてくれる」などとは、夢にも思わないチンパンジーには、指さしは理解できない。つまり「指さし検知モジュール」は、協力集団に生きる人間にのみ、進化しているのだ。人間だけが、他者を率先して助ける心理をもっているというわけである。

狩猟採集時代に少人数で生活していた人間は、集団のメンバーがたがいに助け合う関係になっていた。まれに発生するタダ乗りも「裏切り者検出モジュール」で排除できれば、親切心から率先して他者を助けることが集団の利益になり、集団が全体として生き残ることが、おのずと個人の生き残りに直結したのである。

こうして進化心理学によって、人間に特有の心を説明することが可能となった。義理や正義感などの複雑な心理も、狩猟採集時代の協力集団を背景にすると、その由来を描写できるのだ。そして、説明できるだけでなく、さらに、その心理が有効である範囲を推測できる。狩猟採集時代と現代の文明社会を比較し、私たちの心理はどこまで文明状況に対応可能かという予測をも、提供できる。進化心理学には、そうした重要な意義があるのだ。

第5章

想像

壁のシミが幽霊に見えるわけ

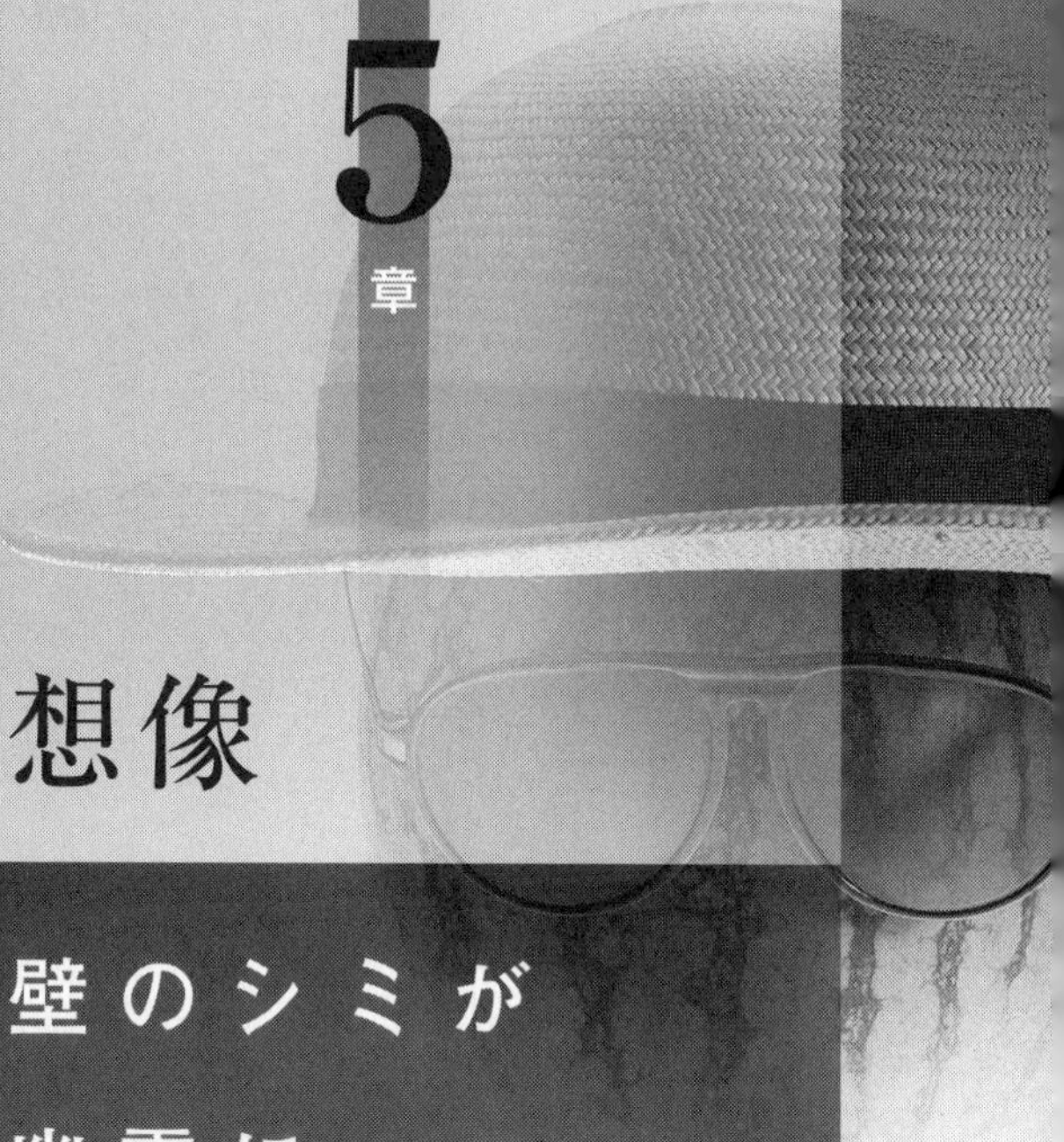

Q 鬼や妖精など、ありもしないことをなぜ想像するのだろうか?

A

人間を始めとした動物は、想像する力を身につけたことで生き残った、と言っても過言ではない。目の前で直接体験していない事柄についても、想像により考えられるようになった。その思考のおかげで、新しい事態に直面しても、必ずではないがそこそこ有効な行動をとることが実現できたのである。

さらに人間では、人間関係について想像する社会的知能が進化した。これによって人間は、集団での協力を成立させ、飛躍的な発展をなしとげた。社会的知能は、コミュニケーション相手が意図をもつとみなして、相手の意図を探ろうとする。当初の自分が想定していなかったような相手の意図を、コミュニケーションの過程から抽出する。その過程では、かなり高度な想像力が要求される。

しかし、社会的知能が広く発揮されると、人間ではない物体にも過剰に意図を見いだすおそれがある。鬼や妖精などは、本来人間がもつべき意図が、想像上の架空の存在に与えられた結果である。意図をもつ存在が擬人化されて、鬼や妖精などとして立ち現れてくる現象は、想像力がよく働いているあかしと見ることもできるのだ。

[図5・1] ロウソク問題

想像で思考する

まずは、図5・1を見てみよう。停電になったのでロウソクをつけようとしている状況だ。図に示された道具を使って、それも壁のやや高いところにロウソクの照明を灯すにはどうしたらよいだろうか。少しのあいだ、考えてみていただきたい。

これは、一九三〇年代にドゥンカーという心理学者が考案した、人間の思考の特性をおしはかる有名な問題である。正解を考えつく人は半分にも満たない。読者の皆さんも、壁にロウソクを押しつけるところや、ロウソクに画びょうをさすところを想像されたのではなかろうか。あれこれ考えても、なかなかうまくいかない問題である。

さて、うまくいかなかった人は、次のように想像してみていただきたい。画びょうをすべて箱から出して、机の上にマッチ、画びょうの箱、画びょう、ロウソクと並べてみる。この状態から問題を再度考えてみてほしい。いかがだろうか。正答率は飛躍的に上がることが知られている(それでも考えつかなかった人は、章末一三二ページの解答をご覧あれ)。

画びょうの箱が、たんなる画びょうの入れ物ではなく、道具として積極的に使えるという状況が心に描ければ、問題が解決しやすいのだ。こうした思考に有効に働くのが「想像」である。「想像」とは、直接体験していないことを心に思い描くことである。事故現場のブレーキ痕から過去に起きた事故の状況を、壁越しに聞こえる音をもとに隣室で現在起きていることを、そして、「火のついたロウソクを傾けるとロウが垂れるよな」などと、未来の事態を想像するのである。

こうしてみると、私たちの日常生活に想像がかなり役に立っていることがよくわかる。もし想像ができなければ、今目の前にあることについて、とにかく「やってみる」ことしかできない。知恵の輪を解こうと、むやみにかちゃかちゃ操作するときのように、たまたまうまく解ける幸運にかけるしかない。しかし想像ができれば、実際にやらなくても心の中で試行錯誤できるので、うまくいく行動を最初からとれる可能性が高まる。

想像する能力、つまり「想像力」が生き残りに有利に働くことは明らかだ。進化の歴史の中

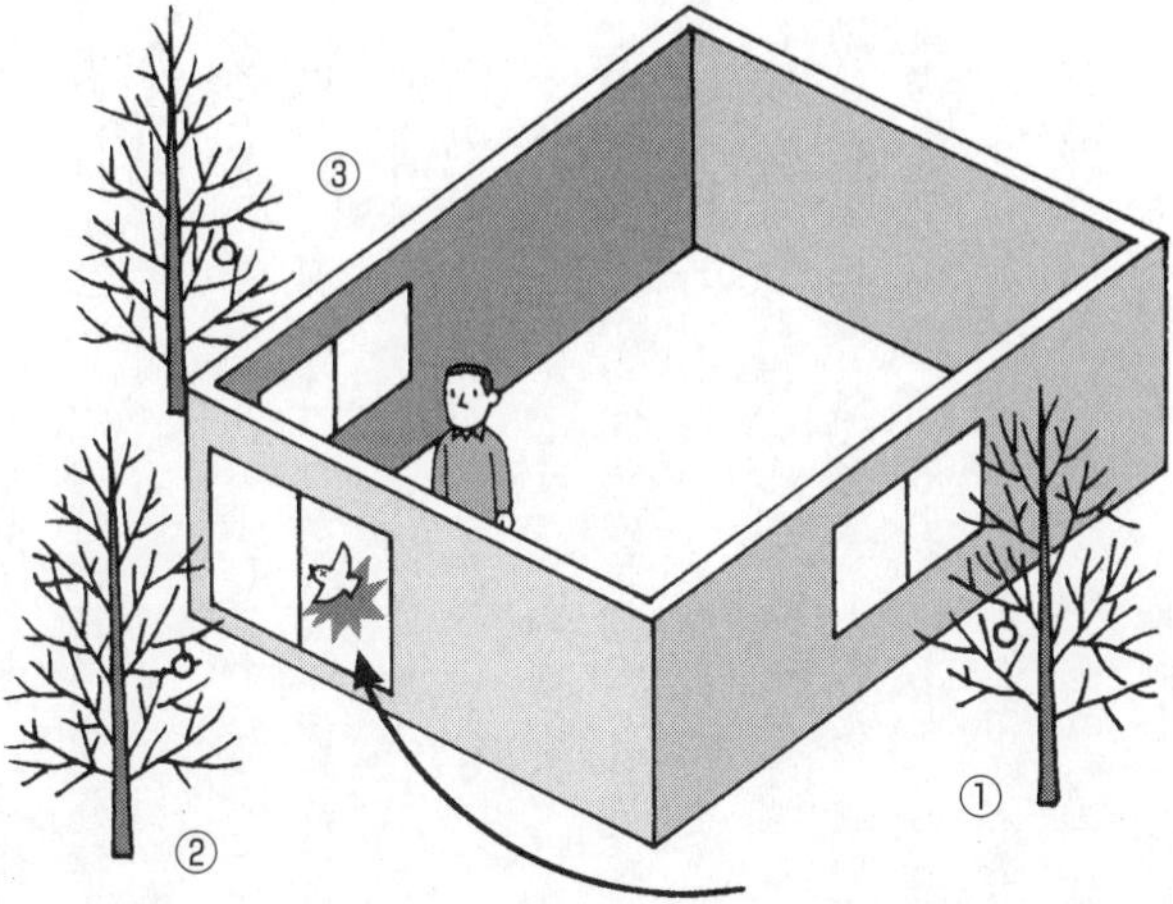

[図5・2]　メジロの餌付け場所

で、想像力を身につけた生物は、飛躍的に環境への適応能力を上げただろう。想像力の歴史は古く、人間にかぎらず多くの動物が、ある程度の想像力をもち合わせていると思われる。ごく小さな鳥であってもだ。

筆者の家では、冬の間だけメジロを餌付けしている。家の周囲の木々にミカンを切って吊るしておくと、花の蜜や食べられる木の実が不足する季節には、多くのメジロが訪れる。ときにはつがいで、家のまわりを「チチチ」と声をあげながら飛びまわる姿はとてもかわいらしい。そのメジロに想像力を示唆する行動が見られたのである。

図5・2にあるように、我が家の餌付け場所は、家のまわりの三ヵ所の木（①〜③）である。メジロたちは、細いくちばし

でミカンの実をつつきとる作業をそれぞれの木で行い、三ヵ所をせわしなく行き来する。①と③の位置には小窓が、②の位置には大きな掃き出し窓があり、家の中からメジロを観察できるようになっている。

あるとき、②の周辺で飛びまわるメジロを筆者が窓から観察していたところ、①から飛びたったと思われる別のメジロが、矢印の軌跡で筆者のほうに向かってきて窓ガラスに衝突した。筆者は、昨シーズンに一回、今シーズンに二回、計三回も同様の衝突を目撃した。この軌跡の先には、③があることは明らかだ。つまり、メジロは①から③に至るより近い道のりを飛ぼうとして窓ガラスに当たってしまったのである。

①から②、②から③への移動をくり返すうちにメジロは、頭の中に我が家の餌付け場所の地図を形成したにちがいない。地図が形成できれば、より倹約した飛行を試みられる。その飛行ルートに家の壁があれば、そのルートをとらないのだが、透き通った窓ガラスだったため、飛行可能と勘違いして突入してしまったのだ。幸いガラスに対して垂直に当たってはいないので、メジロは負傷をまぬがれているようである（最近はなるべくカーテンを閉めるようにしている）。

このようなメジロの地図形成能力に、筆者はたいへん驚かされた。個々の体験の学習から反射的に行動しているのではなく、それらの体験を組み合わせ、抽象的な地図表現をつくりだして利用しているようだ。もしこの推測が正しければ、これはひとつの想像力である。

考えてみれば、渡り鳥の多くは、気象によって見え方が変化する地表上を数千キロメートルも移動して、毎年同じ居住地を訪問する。メジロのような小鳥が餌場の地図を想像できるのであれば、鳥の一部の種類が、ときには地球規模の地図形成能力を備えているのは、当然のことなのかもしれない。

想像と夢

想像とは、「像（イメージ）を想いうかべる」という字句表現からして、風景や地図などの、視覚的な像がつくられると思われがちである。しかし、視覚上の絵だけでなく、聴覚上の音や皮膚感覚も想像できる。想像は、あらゆる知覚に関係した心理的現象なのである。

さらによく考えると、想像は、知覚だけでなく身体運動についても行える。自分の手をあげるという行為を、まさに想像できるのである。イメージトレーニングと称して、体操の演技を心の中で想像して訓練する方法が知られている。実際に身体を動かすトレーニングに匹敵するほどの効果がある。また、脳の活動を調べると、身体を動かすときに活性化する脳の部位が、身体運動を想像するだけで、実際に活性化している。

つまり想像とは、人間に入ってくる情報（知覚）と、出ていく情報（身体運動）の両方、すなわち入出力情報すべてにかかわる、重要な心理的機能であると言える。

さらに、夢について考えてみよう。私たちが夢を見ているときは、外界を知覚していないし、実際のところ身体もほとんど動かない。しかし、夢の中では、見たり聞いたり、身体を動かしたりしている。夢全体は、想像を組み合わせた産物と考えてよいだろう。

夢に進化的な意義があるのだろうか。つまり夢を見ることに、生き残りに有効な機能が見いだされるのか。これは議論があるところだが、筆者はイメージトレーニング説に見込みがあると考えている。重要なイベントが予定されているときなど、前日にそのイベントの夢を見ることがよくある。夢の中で想像上の行為をすることで、試行錯誤が行われ、結果として実際の行為が最初からうまくいく確率が上がるのではないかと考えられる。

想像から言語へ

想像にどのような特性があるのかを細かく検討するには、これまでの章の話題が活用できる。第1章のクレーター錯視では、凹の写真を下から照明していると想像することで、凸に見える傾向を体感した。カニッツァの三角形も、「手前に白い三角形があるな」と想像すると、その見え方がきわだってきた。すなわち想像は、知覚の体験にかかわることができる。

しかし想像は、あくまで知覚とは異なる。知覚は外的な情報入力によってもたらされるものであり、想像は内的な生成作用によってもたらされるものだ。動物が生き延びるには、今ここで起きている事態をなるべく正確に知覚することがまず重要である。その次に、直接体験していない過去や未来を正確に想像できると、なおよいのである。

だから、知覚体験には強い質感（哲学分野ではとくに「クオリア」と呼んでいる）があり、想像にはそれほど質感がないのである。もし「食事をした」という満足感が想像で得られてしまえば、想像にふけるばかりになるだろう。そうした動物は生き延びられないからこそ、私たちの想像にともなう質感は適度に抑えられているのだ。現実と見まがうような、ありありとした想像をできる人は、皆無とは言えないが、ほとんどいない。これも進化の帰結なのだ。

第2章では、二種類の注意を議論した。おのずと行われるボトムアップの注意と、意図してなされるトップダウンの注意である。想像にも同様の区別がありそうだ。たとえば、壁越しに聞こえる音から自然に想像される隣室の光景はボトムアップ、聞こえる音をもとに「隣室で何が起きているか」を意識的に考える過程の想像は、トップダウンである。

また、「ブルドッグ」と聞くと、あの特徴あるイヌの顔がおのずと連想される。これはボトムアップの想像だ。また、「体はカメのような甲羅をもち、手足と頭部そして尻尾はリスのような動物を想像してほしい」と言われれば、それらしい動物を思い描ける。これはトップダウンの想像に当たる。

ボトムアップの想像が言語の進化に寄与したことは、それこそ容易に想像できる。私たちは音声や文字で言葉を知覚した瞬間に、その意味を連想する。この連想能力が高度化することが、言語の進化に必要であった。はじめは「叫び声を聞いたら危険な事態を連想する」などという関係から始まって、どんどん複雑化したのだろう。

その複雑化の過程では、トップダウンの想像がボトムアップに働くようになるという仕組みが、さらに重要な役割を果たしたにちがいない。先のカメとリスの特徴を備えた架空の動物を「カメリス」と名づけよう。私たちはカメリスの想像を意識的にくり返すうちに、「カメリス」という言葉からボトムアップにその架空動物を連想できるようになるのだ。

こうした想像力の特性の進化が、言語の進化に貢献し、人間同士の複雑でかつ柔軟なコミュニケーションを成立させたのだ。しかしその反面、想像力は問題をはらんでもいる。

記憶に混入する想像

第3章では、記憶の体系化に、言語による概念や知識が影響すると述べた。図3・6にあったように、図形の記憶が「メガネ」という言葉によって変化するのであれば、メガネに関する「ボトムアップの想像」が図形記憶に影響したと考えられる。

じつは、もっと直接的に「トップダウンの想像が記憶を歪める」という実験が知られている。ロフタスが紹介している実験[*15]では、子どものころの偽りの記憶（実際に経験していない記憶）

を、想像を用いて強く植え付けることに成功した。

たとえば、入院したことがないと両親に確認した大学生に、両親からの確認事項と称して、「五歳のころ入院した」という文書を読ませる。「本人の記憶と両親の記憶がどれだけ異なっているかの調査である」と告げたうえで、本人の記憶を問う面談をくり返すのだ。最初は当然ながら思い出せないが、二回、三回と面談を重ねるにしたがって、だんだんと入院したことを「思い出して」くる。中には自ら進んで、「教会の友人が見舞いに来てくれた」などと、入院の状況を克明に語り出す者も現れる。

偽りの記憶の植え付けは、ありそうな体験ほど容易である。「一〇ドル拾った」という、あってもおかしくない体験の記憶は、植え付けられやすい。反対に、「救急車を呼んだ」という、体験したのに忘れているとはとても思えない記憶は、植え付けにくい。前者の記憶の植え付け率は四割ほどだが、後者は一割程度だった。

ところが「トップダウンの想像」によって、これらの植え付け率をかなり上げられることが判明した。面談の際に、憶えていなくても想像をしてもらうよう、頼むのだ。たとえば、「救急車に乗ったことは憶えていない」と訴える者に対して、「では、救急車に乗った様子を想像してみてください」とお願いしたのだ。すると、「救急車を呼んだ」という記憶は二割に、「一〇ドル拾った」という記憶の植え付け率にいたっては六割に、上昇した。

また第4章では、恐怖症の一部においては、危険な事態の連想によって恐怖感が増幅してしまうこと、および、その増幅を肯定的な解釈でもって鎮静化できることに触れた。本章の用語を用いれば、恐怖がボトムアップの想像によって増大する一方、トップダウンの想像によって軽減しうる、と言えよう。

ここで再度、夢に注目しよう。夢を見ているときは、ふつう映画を見るような受動的な状態にある。だから、夢の多くの部分は、ボトムアップの想像でなりたっている。しかし、ときどき「これは夢なんだ」と認識できる夢を見ることがある。この種の夢は「明晰夢《めいせきむ》」と呼ばれる。

明晰夢をよく見る人は、やがて見ている夢を自分でつくり変えることが可能になると言う。「夢なんだから自由に空を飛べるぞ」と思うと、本当に空を飛ぶ夢を見られるのだそうだ。筆者は経験したことがないのでうらやましいかぎりである。もし、明晰夢の一部が自分でつくれるのであれば、そこにはトップダウンの想像が働いていると考えられよう。

トップダウンの想像が、記憶や感情、夢に関与できるとなると、私たちは想像によって、能動的な記憶構成や感情コントロールを、部分的にでも実現できるということを意味する。つまり想像には、生まれた後に、環境に応じて自己をつくり変えられるという利点がある。しかし、それを悪用すれば「人をだますこと」に使用でき、「洗脳」などの現代的問題が発生する。想像の利用については、その根源にたちかえって、注意深く検討せねばならない。

意図をもつ物体

メジロの事例で触れたように、言語をもたない動物でも想像があるのならば、私たちの祖先は、言語を身につけるよりも前に、すでに想像力をもっていたことだろう。その言語の黎明期、想像には大きく分けて二つの活用方法があったと推測できる。技術的知能と社会的知能である。[*16]技術的知能では、「石で叩いたら、この木の実は割れるだろう」とか、「家族のもとへ早く戻るには、この丘を越えるとよい」などと、物体の物理的な変化や空間的な配置を想像する力が使われる。社会的知能では、「怒っている人が来たから、ちょっと逃げておこう」とか、「あの人は満腹なので、もう食べ物はほしがらないだろう」などと、人間の行動変化や心理的な状態を想像する力が使われる。

技術的知能が物体を対象としているのに対し、社会的知能は人間を対象としている。技術的知能になく、社会的知能にだけ特徴的な要素がある。それは「意図の理解」である。私たちはまず、個々の人間が何らかの意図をもって行動したように考える。これを、人間に意図を「帰属」させたと言う。そして「あの人は怒りを発散したいのだ」とか、「あの人は食べ物を欲しているのだ」などと、意図を理解しようとする。そのときに手がかりになるのが、その人の感情や欲求、性格などである。

意図理解がなされれば、人間は自分の属する集団でうまくふるまえる。この能力は、ごっこ遊びの中で培われるようだ。人形を並べて「おなかがすいたの？　では、お料理をつくってあげましょう」と、ままごとの世界に参加する架空の人物の役割を、一人で演じる。こうした遊びの過程で、入り組んだ意図や、複雑な人間関係を想像する力が養われるのだろう。

しかし、ごっこ遊びで意図理解が高度化するとしても、基本的な意図帰属の能力は生まれながらに準備されているようである。図5・3は、クールマイアーらが一歳児に対して行った実験[*17]を示している。●が斜面をゆっくり登っている途中に、(A)▲が来て登るのを援助される動画と、(B)■が来て登るのを妨害される動画の両方を、それぞれ飽きるまで見せる。

そのあと、図5・4にあるように、●が(A)▲という仲間に近づく動画と、(B)■という敵に近づく動画を同時に見せる。そうすると一歳児は、(A)の「仲間に近づく画面」を長く注視する傾向がある（▲と■の役割を替えても同様である）。一歳児は、言葉はしゃべれないものの、自分が想像したとおりの事態が起きている動画を長く見つめたり、状況によっては逆に想像したことと違う事態が起きている動画を長く見つめたりすることが知られている。だから、注視時間に顕著な差があることを手がかりにして、一歳児の想像の研究ができる。

この実験から一歳児が、●や▲や■を人間のように意図的な主体であると認識し、●に坂道を登ろうとする意図を、▲に助けようとする意図を、■に邪魔しようとする意図を帰属させている

(A) ▲が手伝いをする動画

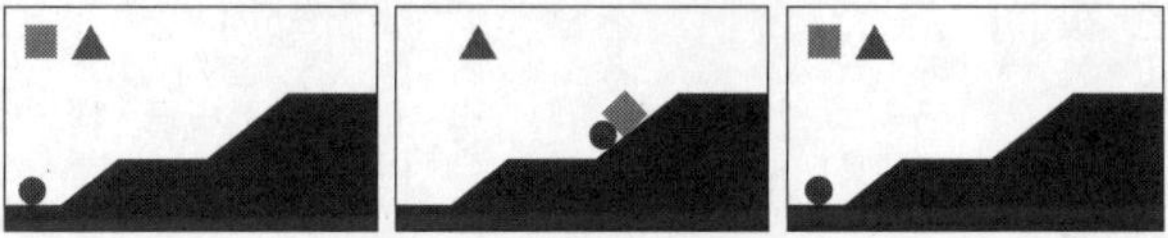

(B) ■が邪魔をする動画

[図5・3] 一歳児に何度も見せる動画

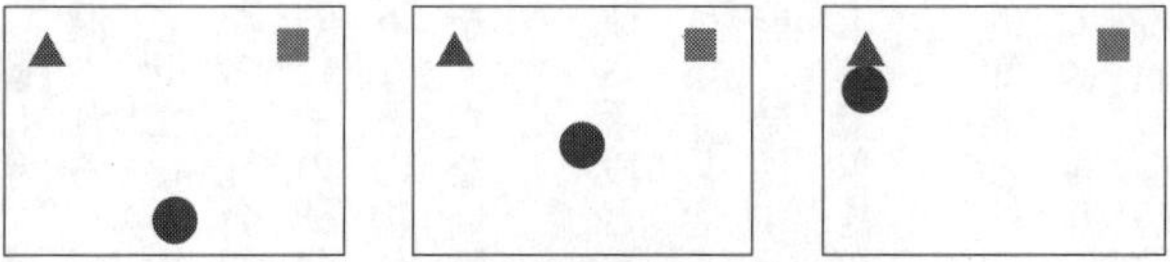

(A) ▲へ近づく動画

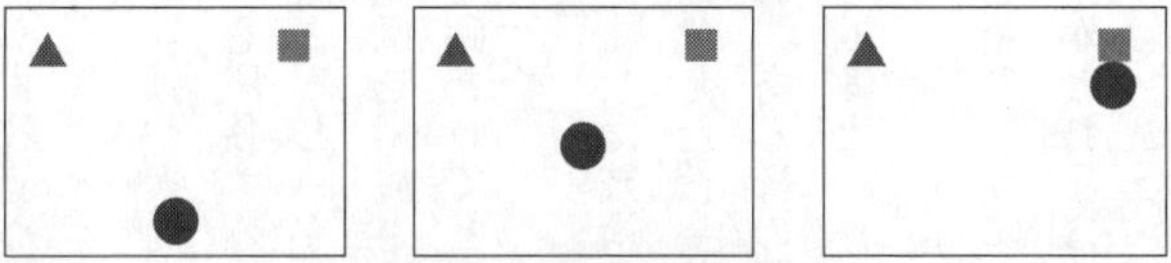

(B) ■へ近づく動画

[図5・4] 一歳児の期待を判定する動画

こと、および、●にとって▲は仲間であるが、■は敵であり、仲間に近づくのはよいが敵に近づくのはよくないなどと判断していることが推測される。

一歳児が抽象的な図形にさえも意図を帰属させているのであれば、人間における社会的知能の萌芽が、赤ちゃんのころから見られることになる。社会的知能を駆使するには、人間の行動を意図的に考える必要があるから、かなり早い段階にその練習が始まるということだろう。

しかしここには問題が潜在している。●や▲などの物体に意図を帰属させていいのだろうか。技術的知能を発揮する場合には、むしろ意図をもたない物体運動としてとらえる必要があるはずだ。

知能の進化過程を考えると、食べ物を確保する手段として進化した技術的知能は、物体に対して働く。それに対して、集団での協力を確立する手段として進化した社会的知能は、人間に対して働く。●や▲などの物体に対して社会的知能を発揮するのは、ある種の誤りなのだ。岩や沼に精霊が宿るといったアニミズムも、物体に対して意図を帰属させるという、社会的知能の過剰適用に発端があるのだろう。

人類学者のスティーヴン・ミズンは、技術的知能と社会的知能のように、それぞれ別の適応目的で進化してきた複数の知能が、現代の人類では、相互に連携がとれるほど高度化してきたと主張している。技術的知能は、私たちの生き残る能力を格段に向上させたが、その一面、人間を物体のように扱う人権侵害が起きるようになったと指摘する。

アニミズムが社会的知能の過剰適用ならば、人権侵害は技術的知能の過剰適用だということだ。どちらも意図に関する適切な想像を欠いてしまった問題なのである。

心霊写真

前節では、人間らしい動きをする物体に意図的行動を想像する例を見てきた。人間らしいと認める根拠となる要素には、「動き」のほかに、もうひとつ「顔」がある。私たちもふだん目にする物体に突然「顔」を発見して、あっと驚いたり、くすっと笑ったりするものである（図5・5）。赤ちゃんの注視実験でも、いろいろなイラストの中でもとくに、顔のイラストに長時間注視が集まることが知られている。つまり、私たちは生まれながらに「顔に敏感」なのだ。[*18]
顔に敏感であることは、意図する主体である人間をいち早く発見するのに有効である。しかしその反面、本来は何でもない壁の汚れであっても、そこに積極的に顔を見いだす傾向も出てくる。顔だと思った瞬間に、さまざまな想像がボトムアップに生まれてくるものである。こうした傾向が、薄暗い部屋の片隅や、なにげなく撮った写真の背景に「幽霊」を出現させているのだろう。
幽霊の想像を、たとえばテーブルの上に置いてあるリンゴを想像するときと比べると、幽霊が

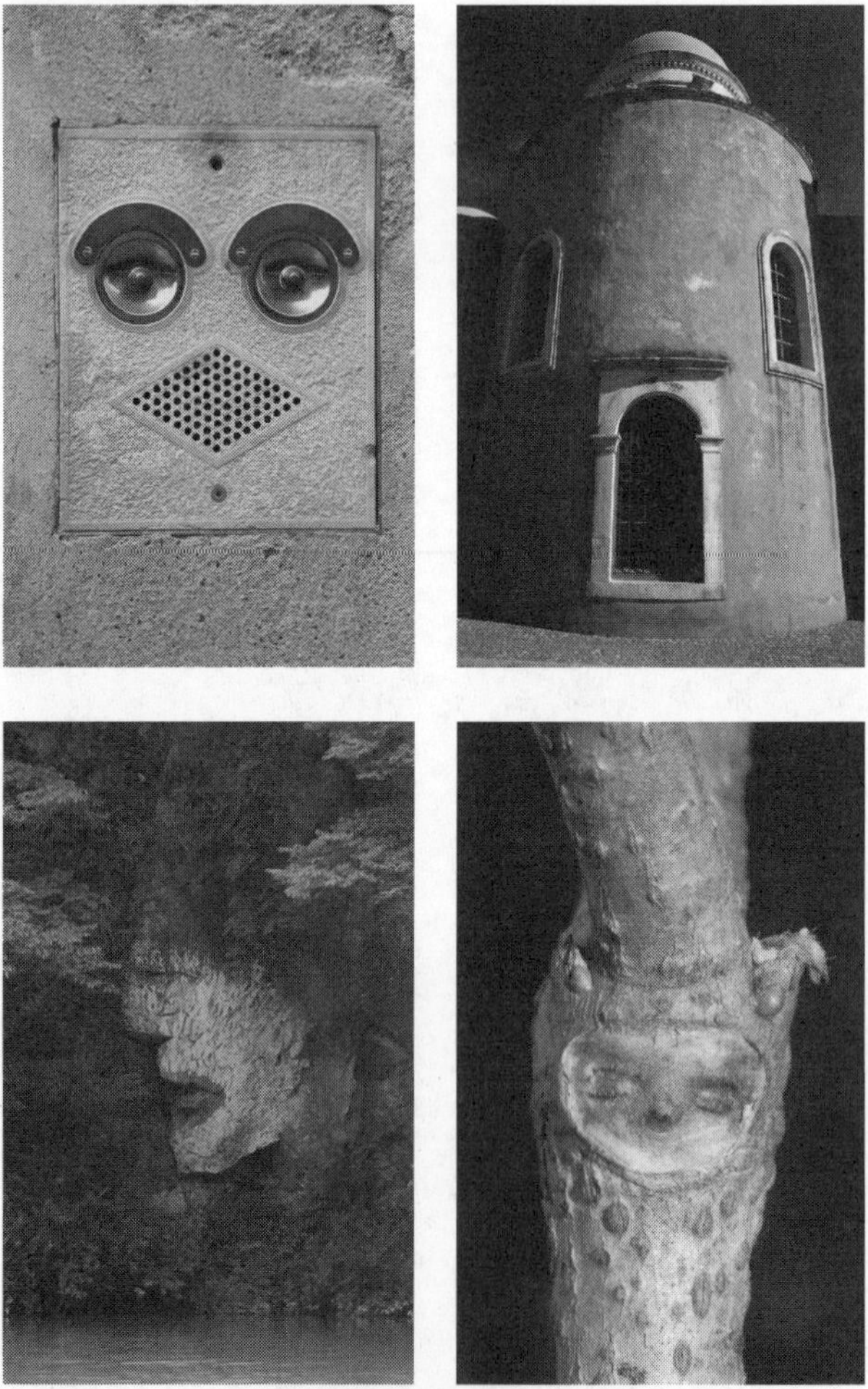

[図5・5] 顔に見えてしまうもの
左上・アパートの呼び鈴　photo : iofoto/shutterstock.com
右上・建物　photo : I.Quintanilla/shutterstock.com
左下・岸壁の岩肌　右下・樹木の冬芽

本当にいるように感じられる現象がよく理解できる。第2章で、人間は視線に敏感であると論じたが、幽霊の顔が想像されれば「見つめられている」ような感じがするのも当然である。また、第4章で検討したように、恐怖を感じる対象には反応が素早く起きるので、怖い幽霊に関するボトムアップの想像は、自動的にかつ強力になされる。一方でリンゴの想像のほうは、そうした強烈な感じをともなっていない。

また、本章で議論したように、想像した対象が意図をもつと認められる場合、もっと印象が高まる。こちらを見つめる幽霊が、「うらめしい」とか「呪わしい」とかの感情をもった存在に見えたうえ、こちらに危害を加えるなどの意図的行動が連想される場合だ。そうした状態におちいれば、恐怖が極限に達してもおかしくない。

幽霊が見えたり心霊写真が撮れたりしたならば、社会的知能が働きすぎているのだな、とみなすのが適当だ。そのうえで、人間集団の協力関係を実現した生物進化の歴史に思いをはせれば、恐怖感も克服できるのではなかろうか。

また、想像の基本的な役割を知り、鬼や妖精などと想像を膨らませすぎないことが重要だ。そうすれば、洗脳などの、悪意をもった行為を防止できよう。次章では、信念操作に想像が使われる背景を含めて、信念について論じていく。

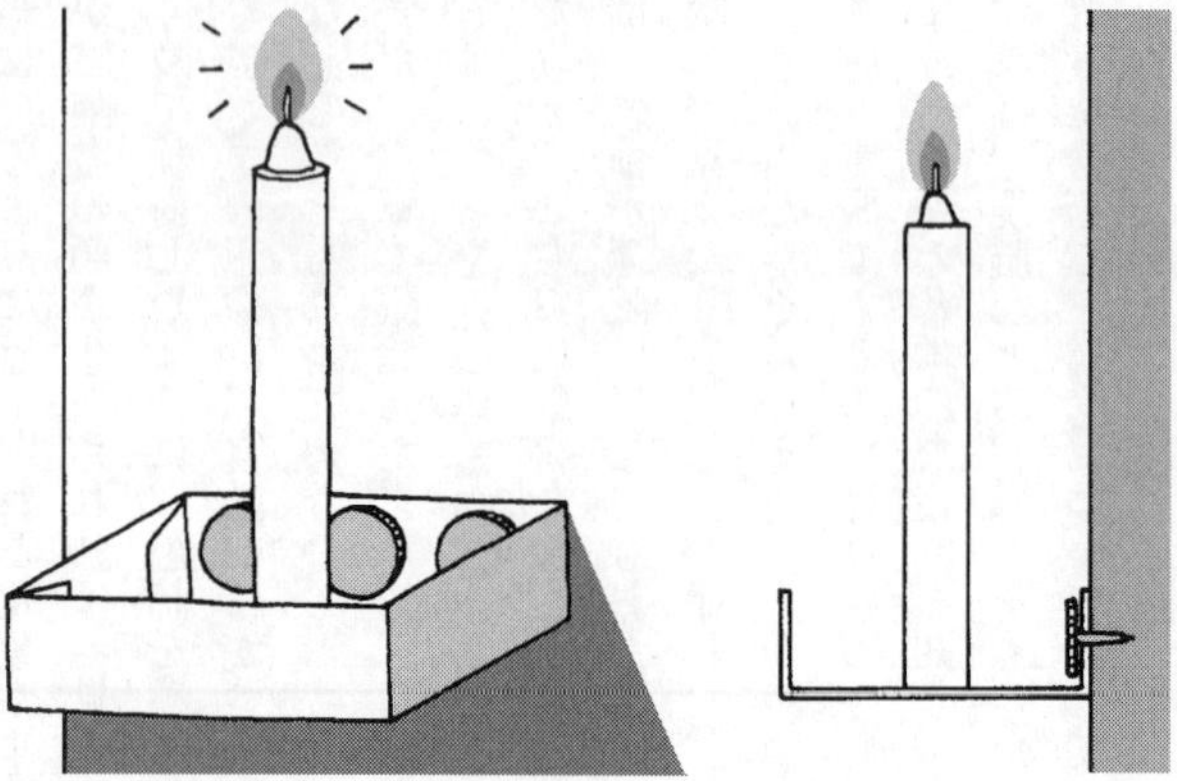

ロウソク問題の解答

第6章

信念

なぜ噂を信じてしまうのか

Q 他人の言うことや噂は疑わしいと思っていても、なぜ信じてしまうのだろうか？

A 集団を形成することで発展してきた人類は、集団の他のメンバーから伝達される情報を重視するように進化した。集団内で情報を共有することが、集団での協力作業を円滑に進めるのに有利だからである。人類の祖先が生活していた環境では、情報共有は容易であった。一〇〇人前後の小集団で生活していたので、怪しい噂もすぐに訂正できたであろう。見聞きして知った情報が確かに正しいと信じられて記憶され、個人の行動のよりどころとなった場合、とくに「信念」と呼ばれる。小集団で見聞きする情報は、ただちに信念とすることに意義があった。私たちは、「信じやすい動物」として進化したと言えよう。

ところが、一万年ほど前に文明が発祥し、人類の生活する集団の規模は数百人以上に拡大した。すると、集団内の情報共有は難しく、各人が保有する信念もたがいに矛盾し、対立したまま存続するようになった。見聞きした情報をすぐに信じる態度は利点でなく、むしろ欠点になることも多くなってきたのだ。仲間の言うことを信じるという小集団での肯定的な心理傾向が、文明社会では逆に、他人の言うことや噂を信じやすいという否定的な傾向とされる場合が、たびたび生じてきたのである。

信念の由来

私たちがヘビに驚いて逃げたときには、「『ヘビは怖い』と信じて、その行動をとった」とみなすことができる。心の中で「ヘビは怖い」と意識的には思わなかったかもしれないが、「ヘビは怖い」という信念が人間に適切な行動をとらせた、と説明できる。こうした広い意味での信念は、生き残りに有効な心理機能とみなせる。適切な行動につながる信念をもつのが望ましいわけだ。つまり本書における信念とは、意識的に信じていることだけでなく、無意識的な行動の根拠となる知識をも含んでいる。

ヘビに見えたものが、実際はおもちゃであった場合には、「ヘビは怖い」という信念は結果的に「誤信念」であったと言える。誤っているとすれば、その信念は訂正されたほうが有効のはずだ。しかし、すでに本書の冒頭から述べているように、「高度な心の働きの副作用」と考えられる場合などは、「誤信念」といえども総じて「適切な行動につながる信念」であり、とりたてて誤りを問題にする必要はない。おもちゃであっても逃げるくらいが「適切な行動」なのだ。

信念の由来には、およそ三つがある。生まれながらに備わっている仕組みとして働く「本能」に由来するもの、個人として成長する過程の中で「体験」して得られるもの、そして、他者の信念が、社会的なかかわりあいの中から「伝達」されるものである。

「ヘビは怖い」という信念は本能由来であろう。我が家の手のりインコのキュウちゃんは、家に来た見知らぬ客でもかまわずに、その人の手や肩にとまる。ときどき「鳥が嫌い」と言う人がいて、とまられると大騒ぎになる。なんで嫌いなのかを問うと、決まって「足が気持ち悪い」と言われる。確かに、鳥の足を見るとイボイボで、ヘビの皮膚のようだ。気持ち悪さもわからないでもない。

ヘビは爬虫類で、爬虫類から分岐した鳥類は、足にその痕跡を残している。もしかしたら、私たち哺乳類が生き残ってきた進化の歴史で、恐竜を始めとした爬虫類がたびたび宿敵になっていたのではなかろうか。だから、爬虫類の特徴は恐ろしいのかもしれない。そういえば映画の「エイリアン」は、爬虫類の特徴をたくさん備えている。爬虫類の特徴をもつものを怖いとする信念は、長い進化の過程の名残とも言える。

その次の「体験に由来する信念」は、枚挙にいとまがない。たとえば、丘の頂上まで何度も登ってみたところ、右の道を行くとなだらかで楽だけど時間がかかる、左の道を行けば急でたいへんだけど早く着くなどが判明する。このように、自分で体験した結果信じうる事実が、この種の信念にあたる。

筆者は、小さいころからキュウリを好んで食べていたが、最近なぜかキュウリを食べると下痢をするようになった。体験をとおして「キュウリを食べると下痢をする」という信念が形成されたので、最近は好きな食べ物なのに食べなくなった。

三つ目の「他者からの伝達による信念」は、たとえば「ニンジンを食べると健康にいいよ」と親に言われて、子どもがニンジンを嫌いなのに食べる、といった事例に見られる。親の信念が子どもに伝達したと、素朴に考えることができる。人間の場合は言語が発達しているので、こうした信念伝達の多くは言語を介して行われる。

しかし、すべてが言語による伝達ではない。チンパンジーの親子に新しい食べ物を与えると、子どものチンパンジーは非常に興味を示すものの、すぐには食べようとしない。その食べ物を手にしたまま、親の行動をじっと見つめているのである。親が口にすると、「食べていいんだ」とばかりに、食べ始める。親の行動を見ることによって、「これを食べても大丈夫」という親の信念が伝達されたと考えられる。

この例では、「やたらな物を食べてはいけない」という、食べ物に対する慎重な態度を生む信念もまた、うかがえる。毒を含む食べ物がけっこうあるので、この慎重さが、進化的に優位に働いてきたのだ。こちらの信念は、生得的な「本能由来」に分類できる。

模倣による伝承

右に述べたように、人間などの集団活動をする動物では、他者の行動をまねることで信念の伝達が行われている。人間の文化・伝統の多くは徒弟制度の中で伝承されているが、そこでも他者の模倣という観点が重要になっていることは明らかである。

脳科学研究でも、模倣が注目されている。自分が食事をしているときに働く脳細胞の一部が、他者が食事をしているところを見るだけで働くことが判明し、「ミラーニューロン」と呼ばれている。ミラーニューロンは、他者の行動が自分の行動と類似しているという判定を行っている可能性がある。その意味では、「ミラーニューロンが模倣の中枢である」と考えられる。チームダンスの練習で、メンバーの振り付けがぴったり合ったときに、各メンバーにはえも言われぬ爽快感がある。筆者も感じたことがあるが、ミラーニューロンが働いた状態を感じとった結果なのかもしれない。

こうした「模倣」に関して、興味深い心理実験がある。若手のチンパンジー研究者ヴィクトリア・ホーナー博士は、図6・1のような箱をつくって、人間とチンパンジーの模倣傾向を比較した。この箱の上部には、穴のあいた枠が平行に二本並んでおり、それらの穴を通して、横に棒が一本わたしてある。その横棒の下には上向きの穴が隠れている。箱の側面中央には、箱の中心に向かったもうひとつの穴がある。それらの穴の中は暗く、箱の内部の様子は見えない。

博士は、子どもを相手にして次の実演をする。先端に粘着物質のついた別の棒を手にとり、その棒で、まず上部の右の枠を数回たたき、次に横棒を左に押して下の隠れた穴が見えるようにし

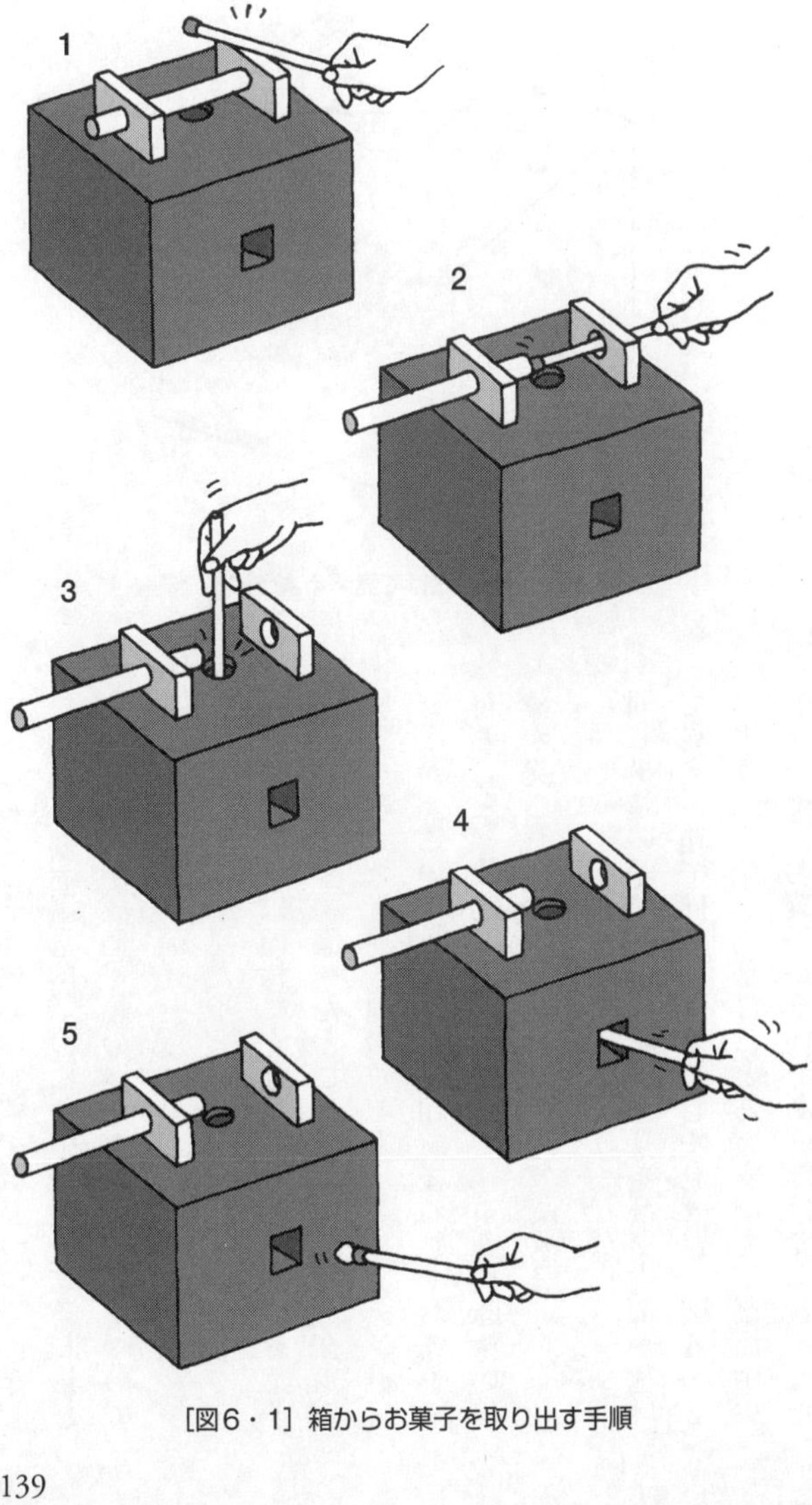

[図6・1]　箱からお菓子を取り出す手順

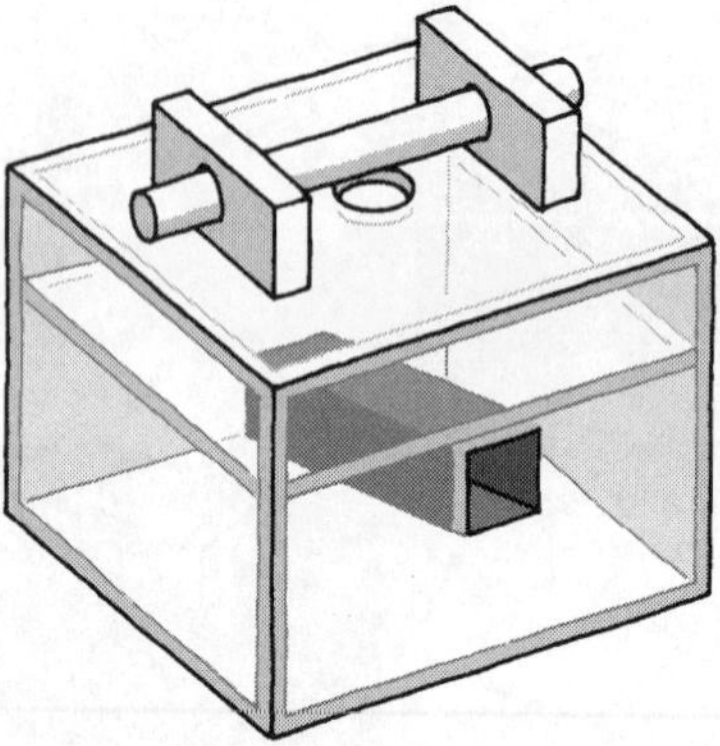

［図6・2］内部が透けて見えるようにした箱

て、こんどはその穴の中を棒で数回つつく。そして最後に側面中央の穴に棒の先端部をさし込むと、お菓子が一個、箱の奥から粘着物質について出てくるのだ。

博士の実演を見た子どもは、それをまねして一連の動作をほぼ同様にくり返し、首尾よくお菓子を得る。博士の調べたところでは、ジャングルの奥地を含めた世界各地の子ども、そしてチンパンジーが、この一見複雑な手順をまねしてお菓子を得ることに成功するのだ。さて、より興味深い現象が見られるのは、次のステップである。

博士は、手順のまねができた子どもに対して、同じ構造の箱であるが、アクリル製で内部が透けて見える箱で同様の実演をして見せた。図6・2のように、箱の内部はほとんど空洞で、側面中央の穴の奥にお菓子が置いてあるだけである。ただし、内部の上方には仕切り板が水平にわたされてあり、上部の穴をつついてもその下には何もなく、仕切り板のため、中央部にも届かないのである。つまり、上部に加えた一連の操作は、最後の操作とまったく無関係なのだ。側面の穴に棒をさし込むだけで、お菓子が得られるというわけである。

ところが、透明な箱で、内部のからくりが明白なのにもかかわらず、世界各地の子どもたちは一連の操作を依然としてくり返したうえで、お菓子を得る。一方、透明な箱を用いると、チンパンジーには、上部の操作をちゃんと行わずに、棒をいきなり側面の穴にさし込んでお菓子を得る傾向が現れる。からくりを見抜いたぞ、と言わんばかりである。

人間の場合、子どもは一見不合理に見える操作であっても、大人の行動をまねる傾向が強いのだ。自分が抱く「上部の操作は関係ない」という信念よりも、まわりの大人の行動から察知される「上部の操作も必要だ」という信念を重んじる。人間では、自分勝手に行動するよりも、協力活動を推進するほうが生き残りに有利だったので、伝達される信念を重視する方向に進化が進んだのだろう。

生活集団の規模

人間は積極的に他者の模倣をしながら、他者の信念をとりいれていた。また、さらに多くの信念伝達が言語を使いながら行われた。その結果、集団の中で情報の共有がなされ、協力集団の形成が促進されてきた。つまり、集団行動をとる動物では、集団メンバーでの信念が共通化する仕組みが、模倣そして言語と、次々に進化したのだ。

信念は誤りうるので、集団の共通信念には、一定の確認作業が必要である。私の信念はあなたの信念と同じだよね、と確認して、もし違っていたら改定するのだ。人間の祖先は、その確認作業が可能な、適度な大きさの集団で生活していたと思われる。

サルたちと共通の祖先から進化し、最初の人類が地球に現れた約三〇〇万年前から、わずか一万年あまり前まで、人間はずっと狩猟採集の生活をしていたことが判明している。人間の心の働きの大部分、とくに近縁のサルの仲間とは異なる、人間らしい心の働きが形成されたのは、ほとんどが狩猟採集の時代であった。

狩猟採集をしていたときの人間の生活環境はどのような状況だったのか。現代でも南米大陸の奥地で狩猟採集生活を送っている人々がいるので、その生活状況も参考にしながら推測できる。狩猟採集時代は文字どおり、獲物を狩って動物性の食料とし、木の実や根菜を集めて植物性の食料としていた。食料は十分でなく、食料を求めて移動しながら生活をしていた。生活には危険がともない、加えて衛生状態も悪く、事故や病気で死んでしまうことも日常的であった。人々は総じて短命であるため、他の動物と同様、多くの子どもを残すことで絶滅をのがれていた。

狩猟採集時代の人間集団は、たがいに協力して食料を集めてはそれを分け合い、ときには一致協力して敵と戦うという密な協力集団であっただろう。現代風に言えば、それらの人々は家族や親友のように、たがいに理解して支え合う存在であったにちがいない。そのような集団を維持するには、集団のメンバーそれぞれに、他のメンバーを熟知し意図を理解する能力が必要だ。

オックスフォード大学認知進化人類学研究所長であるロビン・ダンバーによれば、狩猟採集時代の人間集団の大きさは、比較的少人数であったという。狩猟採集では、多くの人口を一地域で養えるほどの食料は得られなかったのだ。進化心理学にもとづけば、狩猟採集時代を生き抜いてきた人間は、進化によって、そのころの集団規模にふさわしい認知能力が備わっているはずだ。ダンバーは、何人の集団まで会話によって人間関係を維持できるかの推定と、フラットな組織（移民集団や歩兵部隊）は最大何人まであったかの歴史的調査によって、一五〇人という上限値をはじき出した。

以上から、狩猟採集時代の生活集団が最大一五〇人であり、人間らしい心の働きが一五〇人までの集団で進化上デザインされたと考えられる。すると、現在の私たちも、原則一〇〇人程度でしか、信念共通化の確認作業をすることができない、と考えておくのがよさそうだ。

噂と評判

さて、狩猟採集時代のように、一〇〇人程度の固定的な集団で日夜生活していると想像してみよう。集団の他のメンバーは、顔をよく知る者ばかりであり、それぞれがどんな人間で、何が得意で何が不得意かもよくわかっているだろう。協力のための信念共通化もよく進む集団だ。

そうした集団では、あるメンバーから新しい情報を得た場合、同じ情報を他のメンバーからも重ねて得ることがほとんどだろう。また、重ねて得た情報は集団で共通化すべき信念だ。だから、重ねて得た情報をすぐに信じるほうが、一致協力した強い集団になる。私たちの認知傾向も、その方向に進化した可能性が高い。つまり、強い協力集団が生き残り、それを支えた「噂を信じやすい人間」が増えることになる。

その証拠に、私たちは情報の内容を憶えるのは得意だが、情報の出どころを憶えるのは不得意だという事実がある。エール大学のホブランドらの心理実験[*19]では、実験参加者をAとBの二群に分け、「開発された新薬をすぐに使用できるようにすべきだ」とする論説記事を読ませた。そのときにA群では、専門の学術誌などの信頼性の高い情報源の記事として与え、B群では、大衆雑誌やスポーツ新聞のような信頼性の低い情報源の記事として与えた。

記事内容に賛成するかどうかの同調度合いを調べると、読んだ直後は当然ながら、平均してA

群で高くB群で低かった。ところが、一ヵ月後に再評定したところ、A群の同調度合いは低下した一方でB群は上昇したので、両者の差が認められなくなった。読んだ情報内容を記憶していても、それをどんな情報源から得たのかが忘れられているのだ。この実験から、信頼性の低い情報源に触れたらいけないという教訓が得られるわけだ。

筆者も中学生のころ話し好きな友達がいて、彼に教えてあげた貴重な情報を、しばらくしたら筆者に向かって得々としゃべってくるので、苦笑してしまった経験がある。誰から聞いた話だったか、その友達は忘れてしまったのだ。一〇〇人ほどの信念共通化が図られた集団では、複数の情報源から情報が重ねて入手されるので、情報の出どころをいちいち憶えておく必要がなかった。だから私たちには、出どころ記憶能力が進化しなかったと考えられる。

協力集団であっても、支離滅裂な有害情報をまき散らす者も皆無ではないだろう。そうした場合私たちは、情報内容を有害として排除するのではなく、情報源自体を排除する傾向がある。これは当人自身の評定が集団で共有されることで確立しているようだ。「あいつはあまり信用がおけない」という評判がたつと、その人の主張は集団に取り入れられなくなる。

協力集団にありながらも、評判が下がると周囲の協力を得られにくくなる。だから、私たちは評判に敏感なのである。これはまた別の問題もはらんでいる。少数意見を主張すると、意見の内容はともかく、集団の信念を乱す者として評判が下がる可能性がある。すると、なるべく多数意見に同調するほうが無難だとなってしまう。

私たちが噂にもとづいて行動し、ときにはその噂の伝達者になりがちなことには、以上のような進化上の理由がある。こうした傾向が私たちに備わっているからこそ、一〇〇人ほどの小集団で協力活動を一致団結して推進できたのである。しかし、現代の大規模集団では、考え直す必要がある。

一万年前以降

最近の一万年間で人間の生活環境は大きく変わった。およそ一万年前に、狩猟採集時代は終わりを告げたのだ。農耕が発明されて、定住していても食料の心配がそれほどなくなった。やがて農業技術はどんどん向上し、一地域で大勢の人間を養えるようになり、村ができたり都市ができたりと、集団の人口が急激に増加した。

逆に言えば、狩猟採集時代の長期間、数百人以上の集団で生活することがなかったので、私たちには、数百人同士がたがいに密な関係をつくる基本的能力が進化していないのだ。一万年前以降、集団の人口が増加し、人間の個別理解に代わる協力の方法が必要となった。そこで人間は文字を発明し、明文化された制度や契約によって、多くの人々の協力を築くようになったのである。文明の歴史の始まりである。

一万年というのは、生物進化の時間から考えると、ごく短い期間である。狩猟採集時代はその三〇〇倍にもなる。だから、人間の生活環境が変わったといっても、一万年のあいだに新しい心の機能が進化でつくられるとは、（皆無とまでは言えないが）とても考えられない。

それでも、この一万年のあいだに人間の心は少なからず変化しているようにも思える。それはひとつには、読み書き能力に代表されるような、教育や文化の影響である。そして、もうひとつ重要な理由は淘汰圧の変化である。一万年のあいだに過酷な生存競争がじょじょにやわらいで、遺伝的な多様化が起きているのである。

たとえば、文明の発達におうじて、私たちの身のまわりの危険は低減した。そのため、すでに第4章で述べたように、危険を察知する能力が高い必要はあまりなくなった。つまり、危険を察知する能力に対する淘汰圧が下がり、その能力が低くても生き残れるようになったのだ。

すると、危険を察知する能力が高い人もいれば低い人もいるという、多様性のある事態になる。ときにその能力が高い人がいなくなると、「人類においてその能力が退化した」などと称する。しかし、これも前に述べたように、「退化」も淘汰圧が下がった環境への適応なので、広い意味での「進化」なのである。文明の発達は、多くの能力について、その高低の多様化や、能力自体の退化をもたらしているのだ。

「退化」も「進化」であるという意外な関係を、肌の色の例で考えてみよう。人類の肌の色はかなり多様である。伝統的に赤道地域に住む人は黒っぽい肌を、高緯度地域に住む人は白っぽい肌をしている。一〇万年前、人類の祖先はアフリカに住んでおり、黒い肌をしていた。強い日光から皮膚組織を守るために、メラニン色素を分泌し黒い肌になっていたのである。人間にかぎらず、この色素分泌機能を失っている真っ白な生物個体がしばしば見られ、アルビノ（先天性色素欠乏症）と呼ばれる。アルビノでは、日光から皮膚組織を守ることができず、原始社会では生き残ることが難しい。つまり、おおざっぱに言って、黒い肌は貴重なメラニン色素の分泌機能があることを示し、それが弱まって「退化」すると、白い肌になるのだ。

六万年から五万年前にかけて、人間はアフリカから移住を開始し、全世界に広がった。高緯度地域に住むようになった人は、強い日光にさらされなくなったので、メラニン色素分泌に関する淘汰圧が低下した。つまり、肌の色にかかわらず生き残れるはずだった。ところが、実際には別の事情が表面化した。人類の祖先は強い日光にさらされた環境で長いあいだ生活していたために、ビタミンDや葉酸などの、成長にかかわる一部の物質の生成過程に、日光を必要としていたのだ。そのため、高緯度地域に住むようになった人は、白っぽい肌になって日光を効率よく取り込むほうが生き残りに有利になった。

メラニン色素を分泌して皮膚組織を守るという仕組みが進化するのには長い年月が必要だろうが、それを失う方向に進化する（退化する）のは容易である。だから、数万年という比較的短い期間で、人類の皮膚の色は地域ごとに多様化したのである。

皮膚の色というのは、外見ですぐにわかるので、多様性が明瞭である。また、それが遺伝によって生まれながらに決定されていることも明白である。ところが、心の働きはすぐにはわからないうえに、遺伝的寄与も明白ではない。けれども、進化心理学の知見は、心の働きの少なくない部分が個人によって多様であり、また、遺伝によって生得的に決定されている可能性があることを示している。

現代の文明社会において、小集団の信念共通化の必要性は低下したと思われる。そもそも一〇〇人ほどの閉じた小集団を形成すること自体も、伝統的な地域コミュニティーが希薄になるにしたがって、どんどん減っている。そのため肌の色が多様化したのと同様に、噂を信じる傾向や、評判を重んじる傾向の強弱も多様化しているにちがいない。

懐疑の精神

小規模の協力集団の中で私たちの心は、「他者の話を信じる」方向に進化した。信念共通化を行いやすいという利点があるからだ。他者は協力集団のメンバーなので、まずは信じるほうが集団として有利なのである。しかし最近では、むしろ「他者の話を信じない」ことの利益も多くなってきたようだ。見知らぬ人と交流する機会が増えてきたので、やみくもに他者を信用すると、それにつけこんだ詐欺にあう可能性が増えてきたからである。

そもそも、数百人以上の規模で交流が行われる文明社会では、社会全体にわたった完全な信念共通化は望めない。たがいに矛盾する複数の主張が対立したまま、決着がつかずに存在することがふつうなのである。そうした場合、「他者の話を信じる」態度はジレンマを起こす。対立した主張をそれぞれともに信じると矛盾を起こし、当惑して「何も信じることができない」状態になるのだ。ここで必要になるのは「ときには疑ってかかる」という、「懐疑の精神」である。

懐疑の精神を発揮するのは、なかなか厳しい。くり返しになるが、私たちの心は「他者の話を信じる」方向に進化しているからだ。すでに多様化していると考えられるものの、依然として多くの人々の心には、「他者の話を信じる」という傾向が存在する。「他者の話を信じないのは人間的でない」とする風土もある。

しかし、数百人以上の規模で交流が行われる社会になってしまった以上、最低限の懐疑を身につけておかないと、社会としてもマイナスである。社会全体が独善におちいって、社会の運営がうまく進まなくなる可能性がおおいにあるからだ。

第2章で、文字の読み書きには進化上の支えがないので、教育が必要だと指摘した。適切な懐疑も同様に、学習すべき対象なのだ。本章では、懐疑の精神をもつための方策を、以下でいくつか紹介していく。

まずは、次の実際にあった広告のキャッチフレーズを考えてみよう。

受験学習参考書の広告「合格者の八割が本参考書を使用しています」

通常の心理では、この本は合格に貢献する「よい参考書」として受け取られる。思わず買ってしまう人も多いのではなかろうか。しかし、「不合格者も八割が本参考書を使用しています」という情報が加われば、そうではない。この参考書で勉強しても、合格・不合格に関係ないのだ。

こうした関係を明瞭に理解する方法に、四分割表を書いて考えるというテクニックが知られている。右に述べた場合は、表6・1の四分割表に相当し、合格者も不合格者も同じ八割がこの参考書を使っていたので、合格のためには「使えない参考書」となる。表6・2の場合は、不合格者のほうが多く使っているから、「使ってはいけない参考書」となる。表6・3の場合ではじめて、「使えそうな参考書」となるのだ。合格者の使用割合だけで考えてはならず、不合格者の使用割合もあわせて考える必要がある。

このように四つの場合を表にして、各場合の頻度や割合を数値で書きこむと、機械的な判定が可能になる。「たすきがけ」の要領で、左上と右下を掛け算した値と右上と左下を掛け算した値を比較し、大きいほうのマスに意味のある関係がありそうだと結論できる。

	参考書を使った	使ってない
合格者（%）	80	20
不合格者（%）	80	20

［表6・1］使えない参考書

	参考書を使った	使ってない
合格者（%）	80	20
不合格者（%）	90	10

［表6・2］使ってはいけない参考書

	参考書を使った	使ってない
合格者（%）	80	20
不合格者（%）	70	30

［表6・3］使えそうな参考書

	参考書P	参考書Q
合格者(%)	80	20
不合格者(%)	70	10

[表6・4]　参考書を比較する

たとえば、表6・3では、次の計算式が成り立つから、80のマスと30のマスが「大きい」と認められ、参考書を使ったほうが合格率が高く、使わなかったほうが不合格率が高いと、おおよそ認められる(厳密には統計的な検定が必要である)。

80×30＝2400　＞　20×70＝1400

さらに検討を加えると、表6・3だけの情報では、この参考書が合格に貢献したと言い切れない事情が考えられる。合格者が、いろいろな参考書で一生懸命勉強したのに対し、不合格者は参考書を買ってもあまり勉強してなかった、という可能性などだ。

通常、参考書を買おうと考えている人は、複数の参考書から選ぼうとするだろう。そこで、この参考書の効果を、他の参考書の効果と比較する必要がある。かりに、この参考書(参考書P)の使用割合と、他の参考書(参考書Q)の使用割合が、表6・4のようになっていたとしよう。どちらの参考書がよい参考書だろうか。

参考書Pは合格者のうちの八割が、不合格者のうちの七割が使っている、参考書Qは合格者のうちの二割が、不合格者のうちの一割が使っているとなり、次の計算式が成立する。

80×10＝800　＜　20×70＝1400

こんどは20のマスと70のマスが「大きい」と認められ、参考書Qを使ったほうが合格率が高く、参考書Pを使ったほうが不合格率が高いと認められるのだ。すなわち、参考書Pは、たんに人気があって売れているだけで合格にあまり貢献していない参考書、参考書Qは、まだあまり人気がないが合格には貢献する参考書なのだ。つまり、参考書Qを買ったほうがよいと判定できる。

よく健康食品や美容機器のコマーシャルで、「売り上げナンバーワン」とか、「一〇万人が愛用」などとうたっているが、それによってその商品が他よりも優れているとだまされてはいけない。人気よりも、客観的な効果にもとづいて判定すべきである。

これまで述べてきたように、私たちには、「まわりの人々を模倣する」という行動傾向が、進化的に強く組み込まれている。人類の発展において、この行動傾向は大きく役に立ってきたのだ。しかし、文明社会になって、その有効性は若干低下している。それに加えて、その行動傾向

	この売り場	他の売り場
当たり	この売り場で買って当たった本数	他の売り場で買って当たった本数
ハズレ	この売り場で買ってハズレた本数	他の売り場で買ってハズレた本数

[表6・5]「よく当たる」という宝くじ売り場の実態

を悪用しようとする人々が現れており、慎重な対処が必要なのだ。

反対側に注目する

参考書の例題で明らかになった問題点は、私たちには反対側に注目しない傾向があることだ。合格した場合のみに注目して、不合格の場合を考えない傾向がある。たぶん「他者の話を疑わない」という進化的特性から、こうした懐疑的思考が苦手になっているのだろう。この傾向にかかわる誤信念はかなり多くあり、それらもみな四分割表によって分析できる。

たとえば、「この売り場から、一億円以上の当たりが一二本も出ています」という宣伝文句によって、購入客が長蛇の列になっている宝くじ売り場を見かける。こうした場合、表6・5のように四分割表を書いて、ハズレは何本出ているか、他の売り場はどうなのかを検討してみる。すると、宣伝文句は、四分割表の左上のマスだけに注目して、人々に偏った想像をさせていることがわかる。より詳細に検討すれは、表6・1と同様の無関係になることが推測でき、

	移民	移民以外
事件あり	移民が事件を起こした件数	移民以外の人が事件を起こした件数
事件なし	移民が事件を起こさなかった	移民以外の人が事件を起こさなかった

[表6・6] 移民と事件の関係

他のすいている売り場で買っても当たる確率は同じであると確信できる。宣伝も、「ハズレのほうは一億本出ています」などと、しっかり情報公開するのがフェアというものだ。

宝くじについて考えるときは、当たりばかりに注目して、ハズレに目が行かない傾向がありそうだ。確かに、当たった状況の想像をするのは楽しい。前章で説明したように、感情が高まった想像は記憶に残りやすく、現実に起きそうな感じがするのも当然だ。

宝くじと聞くと、宣伝にだまされても個人の問題であり、何時間並んで買ってもその人の勝手のような気がする。しかし、これと同様の認識が、マイノリティに対する偏見を発生させている。その場合は、社会的な問題も懸念される。

たとえば、「○△国からの移民が殺人事件を起こした」と報道されれば、「○△国からの移民は殺人事件を起こしやすい」という誤解を招く。表6・6のような四分割表を書くと、「事件なし」の場合が報道されないことが、すぐに認識できる。事件が起きなければニュースにはならない。報道されないから、まわりに移民がいない

	お守りあり	お守りなし
災難なし	お守りがあったので，災難がなかった。	お守りがなかった。災難がなかった。
災難あり	お守りがあったのに，災難があった。	お守りがなかった。災難があった。

［表6・7］お守りの効果

人は、事件を起こさない移民がいることを実感できない。それに対して、大多数の移民以外の人たちについては、事件を起こさない人がまわりに大勢いるので、事件を起こさない人が多いように感じる。

つまり、表の左上が報道によって目立ち、右下が経験によって目立つので、実際には関係がなくとも、移民ばかりが事件を起こすように思えてしまうのである。

確証バイアス

四分割表を書いて偏見を防止するのと同様に、誤信念にもとづく不思議議現象の認識を改めることもできる。たとえば、「このお守りをもっていると災難を防げる」という信念は、表6・7のような四分割表を書くと、効果が疑わしいという事実が明確になる。

お守りを信じる人は、左上のマスのみに注目しているのだ。ふだん災難はないことが多いので、「お守りがあったので災難がない」ということが、何度も確認されることになる。こうした確認によって信念が強まる現象を「確証バイアス」と言う。

この誤信念は、災難があれば明白になるのだが、実際に災難が起きてみると、「もっと大きな災難になるところをお守りのおかげで助かった」と解釈されやすい。災難があっても信念が改定されない。四分割表を見ればわかるように、誤信念であることを明らかにする方法は、表の右列の「お守りなし」の状態で、どの程度の災難が起きるかどうかを調べることである。

ところが、お守りを信じ切っていると、「お守りなし」の状態をテストすることが怖くてできない。実際に災難が起きてしまうといやだからだ。残された方法は、お守りを身につけていない人々にどのくらい災難があるかを調べることである。お守りが迷信であるとすると、その解消は個人では難しく、社会で対処していかねばならない。

同様の事態が、芸能人やスポーツ選手によく見られる。たとえば、野球選手でバッターボックスに入るときには、「バットで右足のかかとを三回たたき、左足のつま先を一回押す」などと、特定の儀式をしないとヒットが打てないと主張する「ジンクス好き」がいる。儀式をやめて失敗するかどうかチェックできれば、とるに足らないジンクスであると判明するのだが、「ジンクスなし」の状態をテストすることができない。

芸能人やスポーツ選手は、ある程度は勝ち続けていないとやっていけないという事情があるから、「お守り好き」や「ジンクス好き」が多いのだ。チェックのために失敗するくらいなら、とりあえずお守りを持とうとか、ジンクスにしたがっておこうとなってしまう。芸能人やスポーツ選手はマスコミで目立つうえに、一般人の模倣の対象となりやすいので、問題がある。効果を印象づけて、人々をだまして売り上げをあげる「悪徳商法」につながる。

認知心理学の課題を使うと、一般人でも「失敗したくない」という気持ちが優勢になる状態をつくり出せる。筆者は、学生がパソコンを操作できる教室で授業をするときには、しばしば自ら作成したウエイソンの「２４６課題」プログラムに挑戦させている。

２４６課題とは、図６・３にあるように、三つの数字を入れてチェックボタンを押し、隠れている法則を探し当てる問題だ。最初の窓に２４６と表示されているので、その状態でチェックボタンを押すと下に○が並び、「この数列は法則を満たします」と表示される。いろいろな数列を入力して、二〇回ボタンを押すまでに法則を当てなさいと指示をする。

この課題に挑戦した学生の大半は、「二つずつ増える数列」とか、「最初の数の二倍、三倍と増える数列」などと答える。中にはチェックボタンを数回押しただけで、わかったと確信をもって主張する者が現れる。筆者がその学生の画面を見ると、決まって図６・４のように○が並んでいる。画面を見るなり、「あなたが考えた法則は間違っているよ」と予言してみせる。すると、学生は当惑した表情を浮かべる。

一回チェックボタンを押して「法則を満たす」という判定が行われると、○がひとつ並ぶ。○

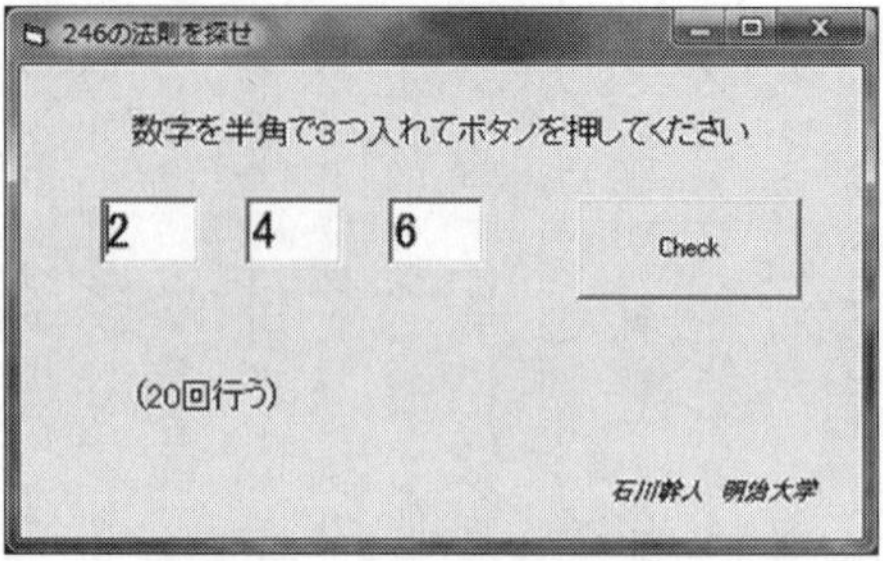

[図6・3] 246課題の初期画面

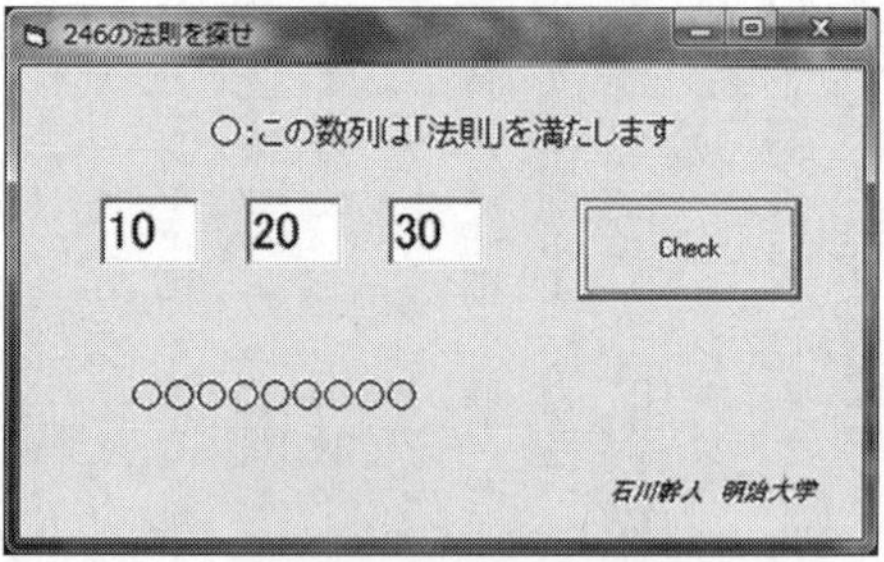

[図6・4] 典型的な誤り画面

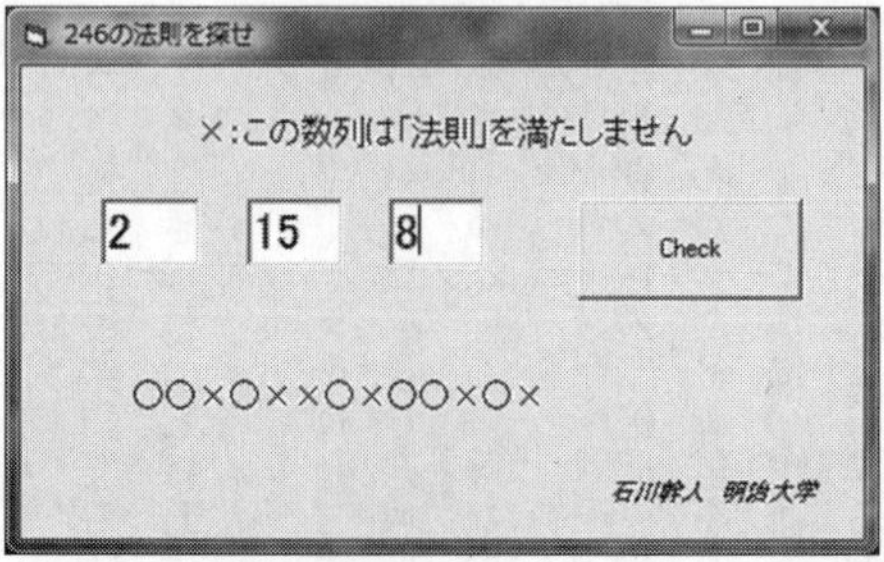

[図6・5] 典型的な正解画面

だけが並んでいるときは、一回も失敗せずに確証をくり返しているということだ。一方で、図6・5のように、○と×が混在して並んでいるときは、見つけた法則を聞かずとも「あなたが考えた法則は合っているよ」と当てられる。

正しい法則は「右の数字ほど大きくなっている」である。これを探し当てるためには、失敗をして×が表示されないとならない。つまり、自分が正しいと思っている法則を確かめるためには、積極的に「法則に反する数列」を入れて、「反証」してみないといけない。しかし多くの学生は、無意識のうちに失敗を恐れるのか、確証ばかりで反証をしようとしないのだ。

これらの傾向は、やはり狩猟採集時代に由来するのだろう。一〇〇人程度の集団で過ごしていた時代は、信念を疑うことなくまわりに合わせることに一定の利益があった。信念を共通化したほうが、効率よく協力できるのだ。しかし、数百人以上の規模で生活するようになった社会では、さまざまな見解が錯綜するようになった。そうした状態では、信じることに加えて、適切に疑う「懐疑の精神」が肝要なのだ。

懐疑は、進化で必要とされてこなかった技能であり、私たちは原則それを苦手としている。だから、練習をして身につける必要があるのだ。次章では、さらにその「だまされないテクニック」を深く検討していく。

コラム③

意識は心を理解できるか――進化心理学の受容――

ケンブリッジ大学のローレンス・ワイスクランツは、長年にわたり続けてきた奇妙な心理現象の研究をまとめて、一九八六年『ブラインド・サイト』という著書を発表した。ブラインド・サイト（盲視）とは、大脳皮質の一部に損傷を起こして「目が見えなくなった」と訴える患者の一部が示す、特殊な視覚機能である。

ブラインド・サイトの患者が、視覚が失われたという実感をもちながらも、障害物を避けて歩けることに着目したワイスクランツは、一九七〇年代からそうした患者の研究を始めた。何も見えないと言う患者に図形を見せて、「○か□か、あてずっぽうでいいから答えて」とお願いすると、かなりよく当たるのだ。こうしてブラインド・サイトの患者でも、色や動き、方向、さらには感情的表情までもが判別可能であると、次々明らかになった。つまり、意識で見えていないものが、無意識では「見えている」のである。

本書でも、無意識の心の働きが「だまし」や「不思議」に通じると、たびたび述べてきた。誤った目撃証言は、無意識のうちの記憶の変更に意識が気づいていないことが問題であった。第6章では、無意識のうちに抱いている信念も重視した。心の探究には、意識だけでなく、その背後に控えている広大な無意識の部分にも焦点を当てなければならない。「現代心理学の探究の中心は無意識部分にある」と言っても過言ではない。

学生に「裏切り者を識別できるように、顔の認知能力が進化してきた」などと、進化心理学を講じていると、「自分は、裏切り者かどうかは考えてない」という違和感が表明されることがよくある。また、「自分が直感できない原理で、自分の心が説明される」ということに対する、ある種の嫌悪感もあるようだ。しかし、意識の内容を心理学研究の中心にすえていたのは、心理学の黎明期（一九世紀末）になされたヴントの内観心理学くらいである。つまり、多くの心理学は、誰かの気持ちにぴったり合う説明をつくるものではなく、そうした気持ちの背景をなす諸現象を探究していくものである。

進化心理学も、現代心理学で大きな成果があった無意識の研究と接続し、生理学、脳科学、情報科学、生物学をまきこんで発展している。進化心理学は、無意識を構成する無数のモジュールが、それぞれ別々の進化的な経緯をたどってつくられたと説明する。そしてそれらの一部が、今日ある「私たちの意識」を支えている実態を、明らかにするのである。

私たちの意識は、「自分の意識内容が心だ」として心を理解しようとすると、理解に失敗する。しかし進化心理学の視点に立てば、「心は、意識と無意識を含めた全体として、生物の歴史・人間の歴史を映すものだ」として、理解可能なのである。「心は歴史の賜物である」という観点を了解できたところで、進化心理学がはじめて深く受容できる、と言ってよいだろう。

現在、日本で進化心理学分野にもっとも近い活動を行っているのが、日本人間行動進化学会である（http://beep.c.u-tokyo.ac.jp/~hbesj/）。一九九九年に、インターネットを中心とした研究交流の場として発足したものが、二〇〇八年に学会として再スタートした。

その学会の設立趣旨には、「日本ではまだ研究発表の機会が少なく研究交流の場がほとんどない、進化人類学、人間行動生態学、進化心理学、進化認知科学、進化社会科学、進化的実験経済学、進化的神経科学、進化ゲーム理論研究、進化と倫理、言語進化、進化精神医学、認識人類学等の領域で研究を行う人々の領域横断的、学際的なつながりを目指す組織」とある。

こうしてみると、進化の理論は心理学にとどまらず、さまざまな周辺分野に影響を与えていることが再確認できる。もはや進化心理学は、たんに心理学の一分野にとどまらず、周辺分野とともに、総合的な「人間科学」へと展開しつつあるのだ。

第7章

予測

将来の危機を過小評価する心の働き

Q 地震災害など、めったに起きない危険はなぜ考えないようにするのだろうか?

A 私たちはふだん、近い将来の出来事や、自分の行為の結果として起きることを予測しながら生活している。端的に言えば、人類は予測をして生きる動物である。ある程度は予測が当たるので、予測することに価値があるのだ。

では、少し遠い将来はどうだろうか。進化の歴史で、人間らしい心が形成された狩猟採集時代は、人知が及ばない不確実な現象が多くあった。そんな時代は、一年先のことを予測しても、予測結果はほとんど誤りだっただろう。だから、私たちの心は、遠い将来の予測にあまり重きをおかないようになっている。

現代社会では、科学や技術の成果により、将来予測の精度を向上させた。将来の危険性も判明してきたが、それに対応する私たちの心は昔のままなのだ。とくに数十年、数百年に一回しか起きないような、まれな災害に対する準備姿勢は、決定的に欠けている。狩猟採集時代、まれな災害を予測してもそれに対処できなかったので、そうした危険意識は進化していないのだ。まれな災害が起きてしまった場合は、ただ偶然生き残った者たちで次の世代をつないだ。私たちは皆、その生き残りの末裔《まつえい》なのである。

法則好きなサル

すでに第3章の図3・9で見たように、人間はチンパンジーよりも、パターンから法則を見いだそうとする傾向が高い。だから、人間をサルと区別するひとつの基準は、法則抽出能力なのかもしれない。言ってみれば、サルの中でも「法則好きなサル」が人間に進化したということだ。

法則抽出能力は、法則がある範囲ではうまく働くが、法則がなければ問題も起きる。次の問題を考えてみよう。

A　○●○●○●○［　］？

B　○○○○○○○［　］？

白丸と黒丸が並んでいる。Aの八番目の空欄には、白丸が入るか黒丸が入るのか予測してみよう。次にBの八番目はどうだろうか。

私たちは、Aには黒丸、Bには白丸を入れると答えるだろう。問題として問われている以上、それしかないとも思える。知能テストであれば、それ以外は「不正解」だ。

これを現実世界にあてはめるとどうなるか。たとえば、サッカーチームの対戦成績としてみよう。白丸は勝ちで黒丸は負けを表すとする。Aのようなパターンは交互に勝ち負けをくり返しているので、たとえば、ホームとアウェイで交互に試合をしているのだと考えるかもしれない。Bのパターンは一方的に勝ち続けているので、チームの有力な選手が調子をあげているにちがいないなどと考えるだろう。こうしてAの空欄に黒丸を、Bの空欄に白丸を入れる予測が正当化される。

ところが、かりにチームの勝率を五割とした場合、このようなパターンが偶然に起きてもそれほど奇妙ではないのだ。七回対戦して、交互に勝ち負けがくり返す確率は六四分の一、一方的に勝ち続けたり負け続けたりする確率もまた六四分の一である。合わせて、AまたはBのどちらかのパターンになる確率は三二分の一である。すなわち、AやBのパターンを見て、これは偶然に現れたパターンだと考えても問題ない（ひとつ長くなると確率は半分になるので、十分に長いパターンならば偶然とは言えないのだが）。もし偶然にできたパターンであれば、いずれの空欄とも、黒丸でも白丸でもよいとなる。つまり、予測はつけられないということだ。

ここで、重要なことに気づく。偶然である場合は予測がつけられないならば、偶然でないと仮定して、なんらかの法則があることに賭けるほうが賢いのだ。つまり、賢い私たちは、法則を見いだすのに積極的なのだ。なるべく法則を見いだしておけば、法則があるときにはうまく予測できて有利である。一方で、法則がないときの予測はうまくいかないが、その損失は予測しないときとほぼ同じである。

ところが、現代社会では事情が少し異なってきた。スポーツの試合結果を予想するギャンブルを想定してみよう。皆がAパターンで負けを予想し、Bパターンで勝ちを予想する場合は、逆に賭けるほうが得なのだ。皆と同じように賭けて法則どおりだった場合、当選金はごくわずかになってしまう。それより、皆と反対に賭けておけば、法則がなく、たまたまAで勝ち、あるいはBで負けになった場合に、高額の当選金が得られる。

ナンバーズあるいはLOTOという、数字をいくつか選んで、それらが当たり数字になると当選金が得られるくじがある。当たり数字になる確率はどの数字も同じなのだから、なるべく他人が選ばない数字を選んでおくほうが、当選したときの配当金が高い。その日の日付とか、有名雑誌の占い師の言う数字にもとづいてナンバーズを買うと、たとえ当たったとしても、当選者が多数になって配当金が低いのだ。

株式市場や為替市場で売買することはギャンブルだと思っている人が多いようだが、それらはたんなるギャンブルではない。市場全体は将来予測システムである。より的確に将来を予測した人が有利になるようにしておくことで、衆知を集めて正確な予測をしようとしているのだ。だから、市場の指標の変化パターンのみで売買をするのは、本来の趣旨に反している。指標の変化パターンを超えた実質の予想、株式であれば会社の将来性を見抜いた予想にもとづく売買が、求められるのだ。

私たちは「法則好きなサル」であり、ちょっとした法則を日夜見いだしながら生活している。しかし、現代社会では、より複雑な実態を見抜く力が要求されており、単純な法則にこだわる態度は、むしろ不利益をこうむる傾向も出てきている。

ツキとスランプ

前節で述べた、無意味な法則発見の典型例に「ツキとスランプ」がある。筆者は、少人数のゼミナールで、しばしば学生にサイコロでのギャンブル実験を体験させている。一人ひとりにサイコロを三個ずつ配って、それらをくり返し振らせるのである。図7・1にあるように、ゾロ目(A)が出れば「当たり」、それ以外(B)は「ハズレ」である。少し考えればわかるが、当たる確率は三六分の一であり、平均して三六回振ったうちの一回の割合で当たることになる。

まずはじめに、学生たちに、何回ハズレをくり返した後に当たりが出るのか、予想してもらう。学生の標準的な答えは、「バラツキはあるが、だいたい三五回ハズレが続いて、次の三六回目に当たりが出るだろう」というものだ。五分ほど時間をとって実際にサイコロを振り続け、何回ハズレが続いて何回目に当たりが出たかを、時間内に可能なかぎりくり返してもらう(当たりが出たら、次はまた一回目に戻って数える)。

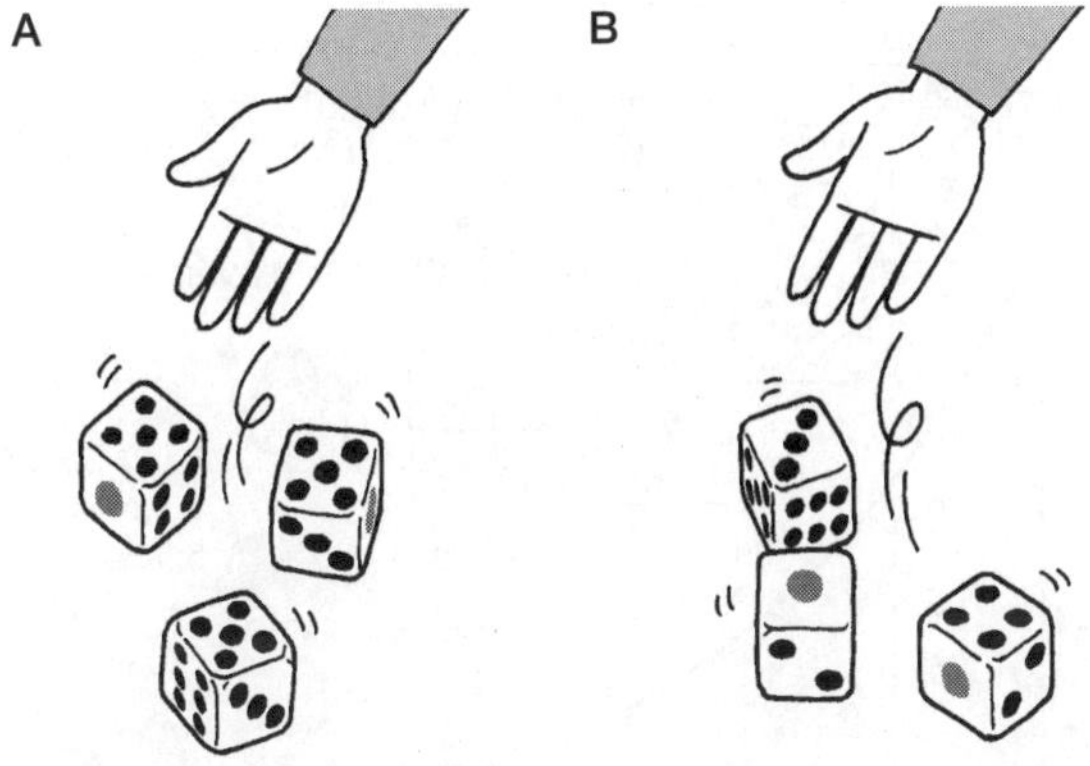

[図7・1]　サイコロでのギャンブル実験。ゾロ目が出たら「当たり」

「始め！」と号令をかけると、皆が「一回、二回」と唱えながら、サイコロの音が教室内にひびきわたる。二〇人から三〇人で行うと、現象が顕著に現れ、教室が盛り上がって楽しい。「一回、二回、三回」と唱えるやいなや、「出たー」という歓声が次々に起きる。中には、はじめの三〇秒ほどで三回も当たる人が現れる。ツキが来てる人だ。

当たりが出ない人々は、三六回に近づくと気合が入る感じだ。「もうそろそろ出るはずだ」と思うからのようだが、通常その期待は裏切られて「三七、三八、三九、四〇」と冷酷に推移する。こうして一部の人は、一〇〇回以上振っても当たりが出ない。深刻なスランプ状態だ。

図7・2に、この実験での当たりまでの回数に応じた頻度分布を図示した。[*20] 理論的な計算結果の

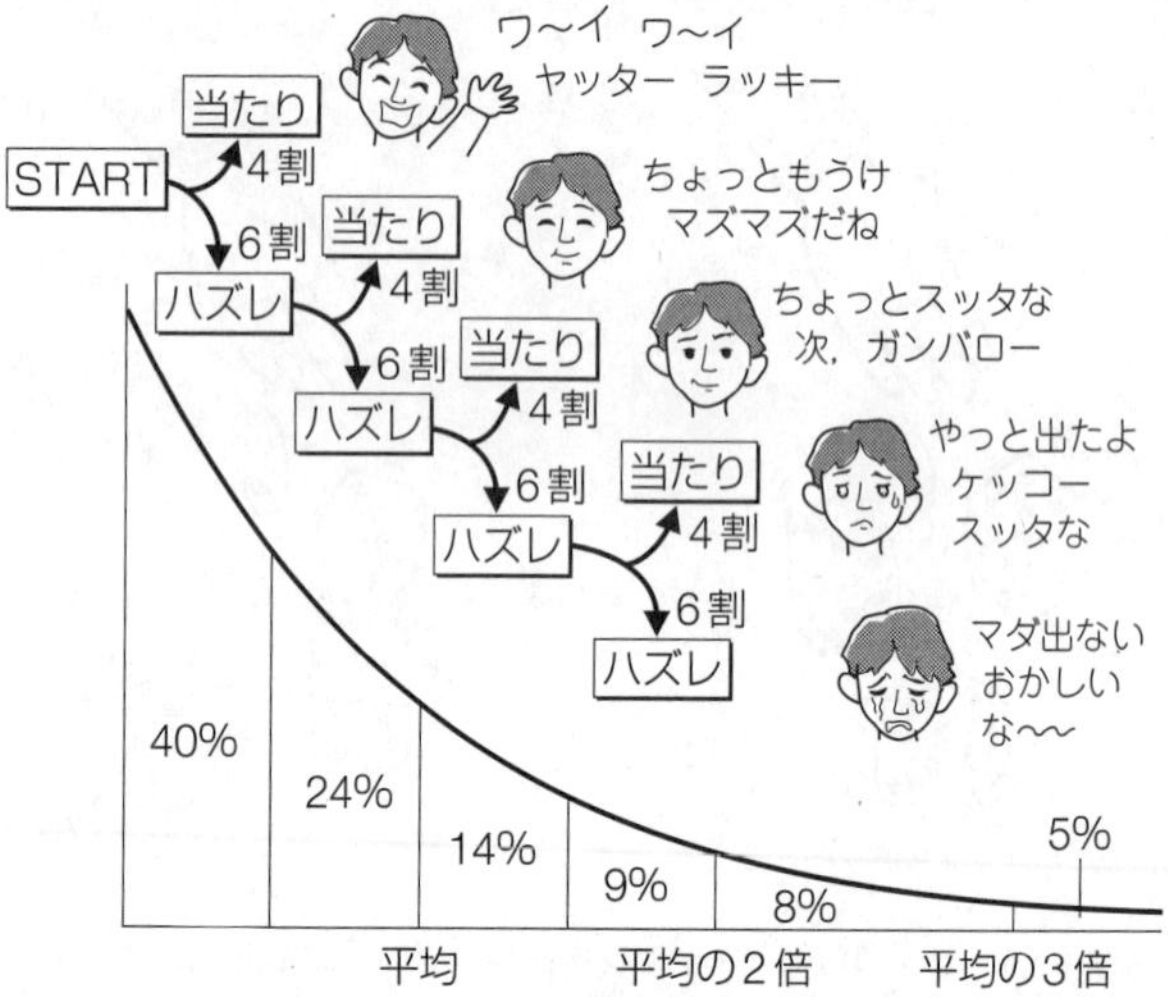

［図7・2］サイコロ実験での当たりまでの回数分布

図だが、実際の実験結果もこれと同様になる。図からわかるように、当たりまでの回数が増えていくと、可能性は減っていく。いちばん最初の回で当たりが出る可能性がもっとも高く（三六分の一である）、二回目以降どんどん減っていく（ハズレ一回あたり三六分の三五を掛けただけ減少する）。

図の「平均」は三六回をさすのだが、その周辺で可能性があがっているわけではない。むしろ、平均に至る以前に当たりが出る確率が六割以上である。平均の半分（一八回）以前に当たりが出る確率は、なんと四割である。これが本当のギャンブルならば、ギャンブル開始直後、四割の人は大きく儲かることになる。つまり、ビギナーズラックである。教室で最初の三〇秒で歓声をあげた人々には、ビギナーズラックが訪れたということだ。

ギャンブルでは、平均に至るより前に当たりが出れば、儲かるわけだ。それが六割以上であるとすると、胴元が損するように感じられるが、そうではない。スランプにおちいっている一三％の人が、平均の二倍（七二回）を超えても当たりが出ず、さらに五％の人が平均の三倍（一〇八回）を超えても、当たりが出ない。一部のツキのある人々の利益を、ごく一部の深刻なスランプにおちいっている人の損失が相殺しているのである。

この実験から、まったく偶然の操作をくり返していても、ツキやスランプが現れることがわかる。正確に言えば「現れた気がする」のだ。つまりこれは、ツキの状態があってその状態にあると当たりが出やすいのではなく、スランプの状態があってその状態にあるとハズレが出やすいのでもない。ツキやスランプの状態であっても、当たりの確率は変わらないのだが（いずれも三六分の一）、過去を見ることによって、自分がツキやスランプの状態であるかのように思ってしまうのである。

まったく偶然にもとづくギャンブルなのだが、お金を賭けていれば微妙な心理状態になる。それを的確に表したのが、図7・2のイラストである。最初の区画（一八回）で当たりが出る確率は四割で、そこでハズレた場合、気分を新たにして次の区画で当たりが出る確率は、ハズレた人々のうちのまた四割である。まったく偶然であるにもかかわらず、適度なツキやスランプがある感じを抱かせる巧妙な構図が、あらゆるギャンブルの背後に存在するわけだ。

後づけの落とし穴

ツキやスランプが、過去をふり返ったうえでの幻想であるとすれば、「後づけ」による迷信のひとつと考えられる。たとえば、次の勝ち負けパターンの一〇回目をむりやり予測するように言われると、後づけがたびたび起きる。

○○●●●●○○○［　］？

勝率が五割であれば、過去を見てもなんの手がかりも得られないにもかかわらず、今は勝ちが続いているので、次も勝ちだとか、そろそろ負けのサイクルに入るころだから、次は負けだとかと主張しがちである。法則好きな私たちは、何でも後づけで説明を求めて予測したり、安心したりする傾向がある。このあたりの心理が、一部の人々の占い好きに通じる。

イギリスの心理学者スーザン・ブラックモアは、超常現象を信じやすい人が、偶然変動するデータから規則的なパターンをより多く抽出する傾向を指摘している。占い好きは、ある事柄がたまたま偶然に起きると考えるよりも、それが何かの規則にしたがっているとみなしたいのだろ

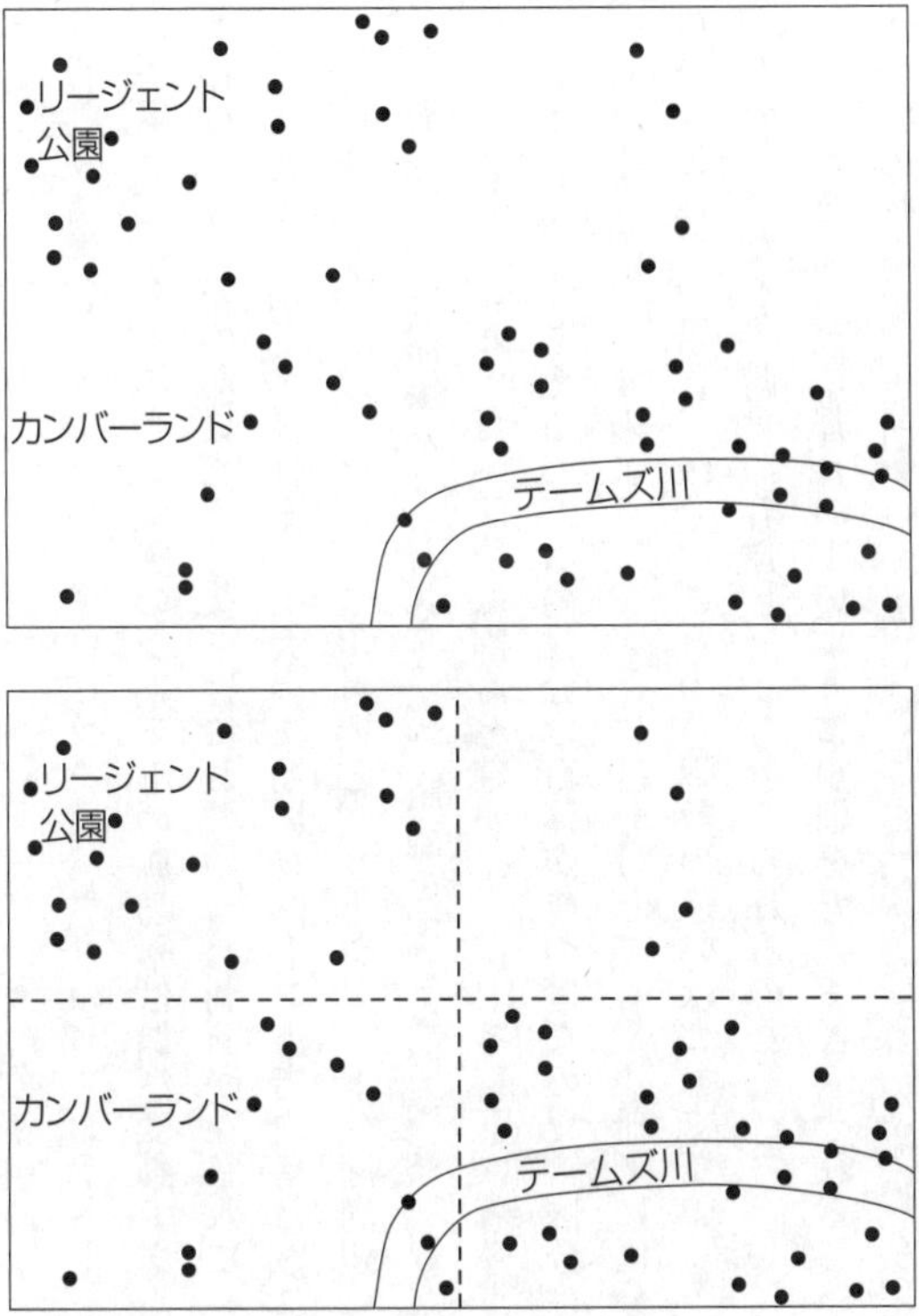

[図7・3] ロンドンにおけるロケット弾の着弾地点
どこが狙われたのか？

う。その心理がこうじて、占いや宇宙人などによる超常的な法則を想定して安心するのかもしれない。

行動経済学者のトーマス・ギロビッチは、プロのバスケットボール選手がツキやスランプの認識をもっているものの、実際のシュートの成功率は偶然変動であるとデータで明らかにした。また彼は、専門家のあいだでも後づけにおちいった判断がなされている、と指摘している。[*21]

たとえば、図7・3は第二次大戦末期にロンドン市街に落とされたロケット弾の着弾地点である。図を見たときに、テームズ川付近と、リージェント公園周辺に着弾が多く、それらの地点が狙われたという議論がなされやすい。議論をする専門家は、おのずと十字の区分けをしたうえで、解釈しているのだ。四つに割ると確かに、左上と右下に着弾点が多い。

しかし、よく考えると、この区分け自体が後づけなのだ。区分けには、他の方法がいくつも考えられる。図7・4のように、×印に区分けしても、短冊形に区分けしても、各区分けは同じ面積だ。これらの場合、区分けごとの着弾数の違いは大きくない。つまり、とくだん狙いを定めていたのではなく、偶然に着弾したとも考えられるのだ。

データを見た後に都合のよいように規則を考えると、それらしい規則が見いだされてしまう。この種の行為を、専門家でさえしばしば行っているだろうというのが、ギロビッチの指摘である。

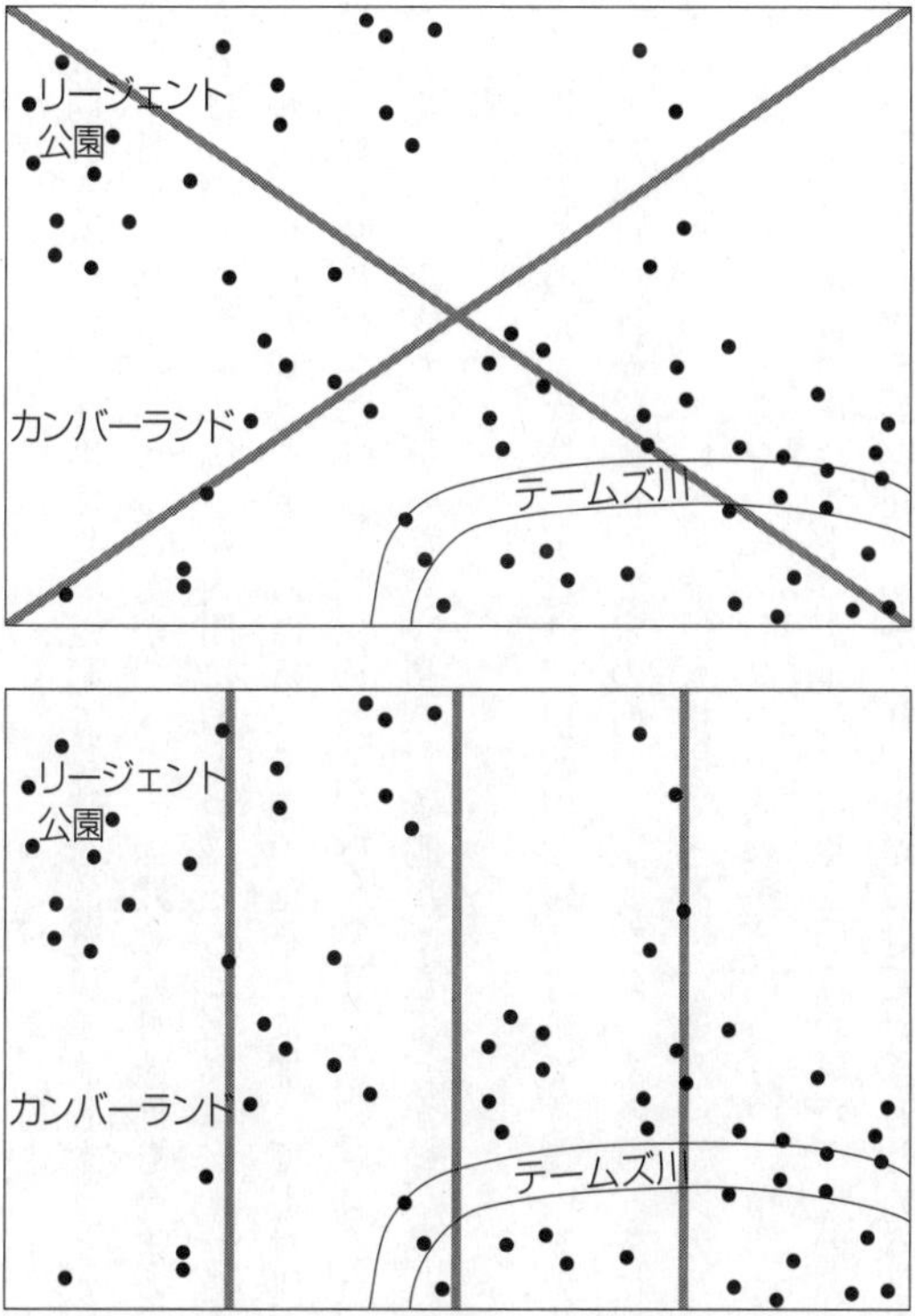

［図7・4］ロケット弾の着弾地点の区分け

コントロール欲求

人間のうちには、法則を見いだして将来を的確に予測しようとする傾向がある。予測が正確ならば、将来の利得を高めることができ、生き残りの可能性も高まる。進化心理学にのっとって考えれば、そうした心の働きが人間に備わっていることには、十分な理由がある。

しかし、将来の利得を高めるには、予測の正確さに加えて、対処可能性も重要である。たとえば狩猟採集時代に、「近い将来、日照りが続くぞ」と予測できても、水を蓄えておくなどの対処ができないと役立たずなのだ。つまり、予測ができて、かつ、それに対処できてはじめて、予測に意味がある。

心理学者のセリグマンによれば、現状の問題に対処できない無力感が、うつ病にもつながるという。対処可能性が、精神の安定の面でも重要なのであろう。先に述べた超常現象の信奉が、精神の安定とかかわっている可能性も指摘できる。つまり、マクガリーらによれば、超常現象を信じやすい人々は、どうやらコントロール欲求が高いらしい。[*22] 精霊や神などの幻想的な存在を仮想して、それらが世界をコントロールしているというわけだ。その存在を信奉する個人としては、祈りなどを通じてその存在とかかわり、困難に対処できるという世界観が背後にあるようだ。

こうした信奉が形成されやすいことについては、進化的経緯も想定できる。狩猟採集時代の衛生面はたいへん問題があった。毒のある木の根を食べたり、病原菌の多い沼に足を踏み入れたりして命を落とすことは、日常茶飯事だったにちがいない。伝染性のウイルスなどにやられれば、一〇〇人くらいの集団はすぐに絶滅してしまう。

そこで私たちの祖先は、生き延びるために物語の共有をはかったのである。物語の役割は、人々を危険から遠ざけることにある。ある種の木には精霊が宿るので傷をつけてはいけないとか、あの沼には悪魔が棲《す》んでいるので近づいてはいけないなどと、適切な物語を集団で共有しておけば、生き延びる可能性を上げられるのだ。

物語には、第5章で議論したように、意図をもった存在が現れやすい。物語の理解が社会的知能によってなされるからである。こうした心理傾向が、一部の超常現象への信奉につながっているのはまちがいない。

狩猟採集時代、日照りが続いているので天に向かって雨乞いの儀式を行うときに、その典型的な心理状態が現れる。天気を支配している意図的な存在に対して「祈る」ことで解決につながる、つまり、人々が天気を間接的にコントロールできていると信じるわけだ。前章で述べた「確証バイアス」もここで一役かっている。雨乞いを続けるといつかは雨が降り、雨乞いが確証される。とことん日照り続きになれば、集団は絶滅し、雨乞いが失敗であったと知る人々はいなくなってしまう。雨乞いは必ず「成功する」のだ。

主観的確率

これまで述べてきたように、人間の心理は、生き残るのに便利なかたちにデザインされている傾向がある。だから、私たちが「起こりそうだ」と思うことをとりあげても、それは客観的に起きる確率を表してはいない。そこには、そう思うことにはいかに利益があるかという評価の側面が、自然と加味されている。たとえば、次のリンダ問題を考えてみよう。AかBのどちらか、ふさわしいと思うほうを選択してほしい。

リンダは三一歳の独身、率直で聡明な女性である。大学では哲学を専攻した。学生時代、差別や社会正義の問題に熱心に取り組み、また反核運動にも参加していた。さて、次の二つの記述のうち、リンダの現在の状況に関して、どちらのほうがより可能性が高いと判断できるだろうか。

A　彼女は今、銀行の窓口係である。

B　彼女は今、銀行の窓口係であり、女性解放運動に取り組んでいる。

このリンダ問題について、トヴェルスキーとカーネマンの調査[23]では、八割以上がBと答えたそうである。しかし、もしBであるならば、必ずAなので、Aのほうが正しい確率が絶対に高いのである。だから、論理的な「正解」はAとなる。

どうだろうか。Bと答え、そのうえで「正解」を聞いても、依然として「Bのほうがよい」と感じる読者も多いのではなかろうか。

この現象をトヴェルスキーとカーネマンは、リンダのイメージが「女性解放運動」によって「代表」されていることでBが選択されやすいのだと、「代表性」で説明している。私たちは他者を、誠実な人だとか、あの人は勇気があるとか、お人よしだとかと、さまざまな概念で代表してとらえている。「リンダは女性解放運動に取り組んでいる」と推測すると、ときには誤りがあろうが、「リンダは窓口係だ」と思うだけよりも、総じて役に立つのである。

人間の性格や行動パターンは本来複雑なものだが、こうしておおざっぱにとらえることに一定の利点がある。私たちは、複雑なものを認知したり記憶したりすることが苦手なのだから、人間関係を単純化したいのだ。ときには、「誠実な人」だという他者の認識にもとづいて、実際に自分で「誠実になる」ことさえもある。

ちまたで性格診断のたぐいが流行しているのも、この理由からだ。血液型性格診断にいたっては、緻密な研究で血液型は性格診断に使えないことが明らかになっているにもかかわらず、日本で根強い人気をほこっている。人間関係を単純化したいという動機の表れなのだろう。

奇跡をめぐって

今、筆者の手元にサイコロが六個ある。これらをいっぺんに振ってみる。そして、左側から順に出た目を記録した。さてその記録は、次のAとBのどちらだっただろうか。

A　一二三四五六

B　四六一五四五

私が振ったサイコロに出た目は、Bであった。読者の皆さんは、きっと正解しただろう。サイコロ六個を振ってAが出る確率もBが出る確率も同じ確率なのに、なぜBだとわかったのだろうか。それは、Aには特別な意味があるからだ。特別な意味のある目の配列が、今ここで私が振って出現しているという事態は、奇跡に近い。だから、Aではないだろう。一方で、Bはありそうな配列だ、というわけだ。

トヴェルスキーとカーネマンならば、これも「代表性」で説明する。Aは特別な配列であり、その配列ひとつしか代表しない。それに対してBは、無数の不規則な配列を代表する。だから、

Bが起きる可能性のほうが高いと判断される、という具合だ。

Aに感じられる「特別な意味」とは具体的に何だろうか。ひとつの解釈は、本章の冒頭から注目している「法則」である。Aの配列には「ひとつずつ増える」という法則が見られる。くり返し述べているように、法則を見つけておくと役に立つことが多いので、私たちは、法則らしきものに意味を感じるのである。

さて、筆者が振ったサイコロでは「四六一五四五」が出たわけだが、この配列が出る確率は非常に小さかった（四万数千分の一）。それにもかかわらず、現に出たのは、奇跡ではないだろうか？

これを奇跡だと思った読者はほとんどいないと思うが、もちろん、これは奇跡とは言えない。奇跡とは、非常に小さい確率の特別な事柄が発生し、かつ、もし他の事柄が発生したときにはとうてい奇跡と思えなかった場合である。だから、「四六一五四五」が出た後で、この確率は小さかったから奇跡だと言うのは、問題がある。これが奇跡ならば、どんな配列が出たとしても後づけで奇跡になってしまうからだ。

あたりまえのことを何くどくど言ってるんだ、と批判が聞こえてきそうだが、この手の誤った奇跡の認識が流布されている。次のフレーズをどこかで聞いたことがないだろうか。

どうして私は、あなたでなくこの「私」として生まれてきたのだろうか？　世界中には何十億人も人口がいる中で、この私として生まれてきたのは、奇跡である。

これは奇跡とは言えない。なぜなら、かりに「あなた」として生まれてきたとしても、他の世界中の「誰か」として生まれてきたとしても、同じ疑問をもち、奇跡になりかねないからである。

では、なぜ奇跡のような感じがするのだろうか。これまでの議論から、それはひとつには、私たちが法則を求めているからと言えよう。私として生まれてきたのには、意味がある。大いなる法則があって、それによって世界がコントロールされている。そして、まさに私は、その法則を知りたいのだ。宗教は、こうした欲求から生まれてきたにちがいない。

右の定義にしたがって考えれば、次の場合は奇跡と言ってもよさそうだ。宝くじを買ったら、なんと「私」が当たったという場合だ。他の人が当たったとしても、奇跡ではない。私が当たったということが、私にとって特別なのだ。そのとき私は宝くじが当たった「奇跡の人」である。

だがこの場合も、奇妙な事態が起きる。その「私」が、宝くじを換金しに宝くじ事務所に行く。そして、事務所の人に向かって「私は奇跡の人ですね」と言ったらどうだろうか。きっと事務所の人は、苦笑して「いつも誰かが換金に来ますよ」などと言うだろう。事務所の人にとっては、誰かは当たるのが当然なので、来る人は「あたりまえの人」なのだ。宝くじが当たることは偶然であり、法則はない。奇跡と思うことにたいした意味はないのかもしれない。

同様の事態が新聞の投書欄に見られたので紹介しよう。大地震が起きた三週間後の投書である。要約すると「大地震前の二日分のレシートがここにある。地震の予感に襲われ、飲料水、乾電池、乾パンを買いこんだ。これまでは、九月の防災の日にこうした準備をしていたのに、今回は異例のことだった。科学が解明できていない影響が予感として現れたのではないだろうか」とのことだ。

確かに、「予感がした」という体験報告を軽んじてはならない。だが、新聞の投書欄を見た多くの人々は、先の「宝くじ事務所の人」が抱いた印象と同様の印象をもつのではないだろうか。じつは、該当の大地震の二日前には、そこそこ大きな前触れとなる地震が起きていた。その地震を体験して「不吉な前兆」と感じとった人が、日本にいる一億人の中には、少数ながら存在していてもおかしくない。

たぶん、予感は偶然だったのである。しかし、偶然を嫌う心の働きが、私たちにとってかなり根深く存在する。この事実は、注目に値する。

不確実な将来の予測

私たちは、物事に法則や意味を見いだして、将来を予測し、首尾よく生き抜くことに日夜努力している。しかし狩猟採集の時代、その予測はあまり正確ではなかった。不正確な予測に甘んじるほかなかったのである。だから、積極的に予測をするものの、その予測に対する私たちの信頼はかなり低いのが通例である。予感がしたからといって真に受けることは、ふつうないのである。

この傾向を顕著に表す設問がある。あなたなら、次のAとBのうち好きなほうをもらえるとしたら、どちらを選ぶだろうか。

A　今日の一万円

B　明日の一万一〇〇〇円

多くの人はAを選ぶ。一日で一割増えるのはかなりの高配当なのだが、明日の不確実な約束より、現在の確実な収入を選ぶのだ。

では、次のCとDのうち好きなほうをもらえるとしたら、どちらを選ぶだろうか。

C　一年後の一万円

D　一年と一日後の一万一〇〇〇円

こんどは、ほとんどの人がDを選ぶ。一年後の約束も、一年と一日後の約束も、どちらも同様に不確実だろう。ならば、金額が大きいほうが有利に感じるはずだ。

一年後の一万円と言われても、どこかで本当かなと疑ってしまう。その心の働きは、狩猟採集時代の名残なのだ。ところが、文明社会になって、将来予測の精度がかなり上がった。銀行が一年後に一万円と言えば、信頼するに足るわけである。

前に述べたように、文明社会では、私たちに生まれながらには準備されていない、読み書きのようなコミュニケーション手段を教育によって成立させている。人類は、個々の人間が働き始める前の長い期間を、さまざまな技能の教育に費やす道を選んだ。それによって高度な協力活動が維持されているのだ。

文明社会のメンバーは、この方針を了解し、「勉強すればふさわしい仕事に就ける」という将来予測を信じて、とりあえず勉強することをうながされる。ある程度の人数が勉強し出せば、人間の模倣傾向によって「みんな勉強しているので自分もしよう」となる。

ところが、模倣傾向が低く、将来予測の信頼も低い人は、勉強がばからしくなる。「勉強してもふさわしい仕事に就けない人がいる」という事例も目につく。実態は、総じて「勉強すればふさわしい仕事に就ける」という強い傾向がある。その確実さは、狩猟採集時代の仕事を思えば比べものにならないくらい、努力に見合うものであるはずだ。文明社会の知恵にもとづく予測を、感情的に思うレベル以上に信頼せよというのが、現代の生活上のガイドラインとなっている。

しかし一方で、予測はあくまで予測である。予測を必要以上に確実視するのもまた、問題である。長年チンパンジー研究にたずさわってきた松沢哲郎博士は、レオという名前のチンパンジーが病気で下半身不随になった様子を報告している。やせ細って寝たきりの状態は、自分だったら生きる希望を失ってしまうだろう、とまで博士は言う。しかしレオはそんな状態であっても、前と変わらずいたずら好きで、人間を困らせては喜んでいたそうだ。

チンパンジーは、過去や将来をあれこれ思い悩んだりしない。希望もなければ、絶望もないのだ。だからこそ、「今ここの世界」を精いっぱい生きられるのである。人類は、想像力を身につけ、法則を発見し、協力して働き、文明を築いたが、かわりにさまざまな苦悩も背負った。私たちは、ジャングルや草原に由来する心と、文明向きの心をともに身につけている。それらのはざまで揺れ動きながら、日々微妙な決断を続けているわけだ。

おわりに

本書は、「進化心理学」の観点から、私たち人間の心の働きを解明しようとした、ひとつの試みである。筆者は、生物進化論が今後、心の問題に大きな貢献をするであろうという感触を得て、この分野に注目してきた。そのきっかけになったのが、認知哲学者ダニエル・デネットの『ダーウィンの危険な思想――生命の意味と進化』（青土社、二〇〇〇年）の翻訳にたずさわったことである。デネットは、進化論が「危険なまでに切れ味が鋭い」とみなし、その射程の広さを同書で論じていたのである。

現代社会では、文明や技術の発展にともなって「なにか心理的に生きにくい」と感じる点があること、人間の多様性を社会で受け入れるに際して障壁があることなど、数々の問題が顕著になっている。筆者は、こうした問題の背景構造を探るには、進化心理学が最適だと考えている。

進化心理学では、私たちの心は過去の狩猟採集時代の生活に合うように、あらかたチューニングされていると考える。今日の文明社会が実現した生活環境は、一見快適な環境に見えるものの、実際には私たちの心の仕組みが進化してきた時期の環境とはズレている。だまされやすさも、ほとんどこのズレに起因していると言ってよい。進化心理学は、このズレを明確にして、生きやすい社会の構築に向けた指針を生む可能性があるのだ。

本書では、こうした可能性の一端を、「だまされ」や「不思議」という切り口で議論してみた。進化心理学の妙味を感じとっていただけたならば、幸いである。

さて、次に少々、進化心理学の考え方を改めて整理しておく。「はじめに」で述べたように、進化心理学は、生物進化論を心の仕組みの理解に応用した分野である。

生物学では、体格や性格、能力などの人間の諸特性は、直接的には遺伝子や脳の神経回路によって形成されるとみている。遺伝子に格納された情報が、身体や脳をつくる物質を生成する「遺伝要因」と、生物個体が成長する過程で経験した情報が、脳の神経回路を規定したりする「経験要因」が合わさったものである。これらは直接的な要因である。

進化心理学では、経験要因の究明は他の心理学に、遺伝要因の究明は生物学などの自然科学にまかせ、もっぱら間接的な「究極要因」を問題にする。その究極要因とは、生得的な情報が人間に備わった過去の経緯、すなわち、人類の祖先が生息した環境でどのような生存競争が起きたかという、生き残りの歴史である。つまり進化心理学は、過去にこのような環境への適応競争があったのでこの特性が備わっている、などと分析する。

この環境への適応の歴史には、次の三つの段階がある。

①人類（ホモ属）が登場するよりも前の段階

約三〇〇万年前よりも以前の時期であり、動物として、そして霊長類として進化していた時代である。このころに形成された行動傾向は、人類と近縁の霊長類であっても同様の行動傾向をもっていると考えられるので、人間とチンパンジーの心の共通性を見いだすことで、ある程度探求可能である。

②人類が独自の進化をとげた段階

約三〇〇万年前から一万年前までの時期であり、狩猟採集を行うのに必要な集団的協力作業をすすめていた時代である。このころに形成された心の特性は、近縁の霊長類とは異なり、狩猟採集の生活にふさわしいものと推定される。人間と霊長類との違いを比較実験したり、現在でも狩猟採集生活を行っている人々を実態調査したりすることで究明する。

③文明が発展した段階

一万年前以降、現代までの時期であり、大勢で定住し、都市を形成する時代である。一万年は生物進化の歴史からするとごくわずかの時間であり、この時期に新たに心の機能が形成されたとはとても考えられない。反面、狩猟採集時代とは生活環境が大きく変わり、環境適応の必要性は高まった。これについて人間は、過去の段階ですでに形成されていた心の部品（モジュール）を組み合わせて対処してきた。一方、科学技術の進展により人間の死亡率が低下したため、淘汰率も低下し、心の機能が個人個人で多様化している。

以上、進化心理学を整理しなおしてみた。だが、この学問分野はまだ歴史が浅く、議論は進行中であり、評価もまだ十分に固まっていない。その点については、注意をされたい。また、進化心理学に対して次のような批判が見うけられるが、すべて誤解である。

進化心理学は、人間を進化の頂点とみなしている。
進化心理学は、遺伝子で決まるとした、遺伝決定論である。
進化心理学は、なんでも進化で説明できるとしている。
進化心理学は、生まれながらだからしょうがないと、現状を肯定している。
進化心理学は、大多数の平均的な人々だけを説明する理論である。
進化心理学は、優生思想につながる。

これらの誤解については、個別に拙書『だまされ上手が生き残る――入門！ 進化心理学』（光文社新書、二〇一〇年）で議論しているので、合わせて参照されたい。また、本書では性差はとりあげていないが、狩猟採集時代の男と女の分業によって「平均的な性差」が生まれたとする点も、進化心理学の興味深い論点のひとつである。これについても同書を参照いただき、理解を深めていただければ幸いである。

＊　＊　＊

本書の執筆中に、東日本大震災が発生した。被災された方々には心よりお見舞い申し上げたい。第7章の議論は、大震災に対する警鐘として企画したのだが、奇《く》しくも震災に対する危機意識の欠如の後づけ的説明になってしまった。

今回の震災に関しては、大地震や津波の可能性が指摘されていたのにもかかわらず、結果的に無視された形になっていたと、案の定、次々と報道されている。たとえば、地層を調べたところ、九世紀に大津波（貞観津波）がやってきた証拠があるので、避難所はもっと高台に移動すべきだという研究報告がすでにあったという。数百年や千年に一回の災害が今起きるわけがないと、具体的な実施検討は後回しになったのだろう。

自然災害の前に人間は無力だとか、科学には限界があるのだなどという主張があるが、めったに起きないことはデータが少なく、科学的対応がしにくいだけである。今回の震災でデータが積まれたので、科学的対応は格段に進展するだろう。むしろ危険なのは、めったに起きないことを無視しがちな、人間の心理である。民主主義なのだから、市民の要望が少なければ政策には反映されないのだ。

今後の復興のためには、不幸な過去を忘れて前向きに踏み出していく必要がある。しかし、それと同時に、将来に向けた対策のためには、教訓を忘れずに生かしていかねばならない。両者は、相反する心理状態に相当しそうだが、ともに実現が可能に感じる。こうしたジレンマ状態を生き抜けるのが人類の最大の強みなのかもしれないと、筆者は思うしだいである。

本書の原稿を克明に見て有益なコメントをいただいた、講談社の篠木和久氏に感謝申し上げる。また、イラストを担当した松本剛氏にお礼を述べる。皆さん、ありがとう。

二〇一一年四月　　石川　幹人

注（引用文献の書誌情報は参考文献の欄にまとめて示した）

注1　『進化と人間行動』の六五ページより。さらなる研究の詳細は『遺伝と環境』の第四章を見よ。人間の諸特性はかなり遺伝による寄与が高く、もはや「なにが遺伝しているのか」という問いよりも、「なにが経験で学ばれるか」という問いのほうが生産的だとされる。

注2　数々の立体イリュージョンを制作して注目される杉原厚吉は、進化的背景が見られないものを「錯視」、進化的背景が明確になっているものを「だまし絵」として区別している。しかし、本書では「錯視」と「だまし絵」を区別せずに、一様に進化的背景があると想定して議論している。注4も参照のこと。

注3　吉澤透・神取秀樹「光励起ロドプシンに誘起される初期反応」（『視覚の分子メカニズム』四〇五〜四一七ページに所収）より。視覚物質（ロドプシン）の光を吸収する中核になっているのが、レチナールという化学物質で、これはビタミンAが変化した物質である。なお、βカロチンが分解されるとビタミンAが二つ作られる。だから、ビタミンAやβカロチンが目にいいと言われるのである。

注4　ポンゾ錯視は、遠近法的錯視にあたらない可能性もあると、過去に議論されている。より明確な遠近法的錯視は、シェパード錯視や斜塔錯視（図2・1）であると、心理学者の北岡明佳は指摘している（講演「錯視と3D　その架け橋」、3Dフォーラム、二〇一一）。

注5　ネイサー「ものを見るしくみ」（『イメージの世界』四二ページ）より。

注6　サイモンズ博士らは図2・2のゴリラの事例で、二〇〇四年度のイグノーベル賞（一風変わった科学的成果に贈られる賞）を獲得している。ゴリラの事例など、サイモンズ博士が作成した一連の映像を、http://www.

viscog.com/からDVDで購入することも可能である。なお、『錯覚の科学』での同博士の著者名表記は「シモンズ」となっているが、「サイモンズ」が正しい発音である。

注7 CBSドキュメント「60ミニッツ」(二〇〇九)

注8 サイモン・バロン=コーエンは自閉症研究から、他者の考えを推し量る「心の理論」モジュールが、自閉症患者の多くに失われているという事実を明らかにした。また、「心の理論」モジュールに欠陥がある患者の多くは、それを支える「注意共有」モジュールにも欠陥があることも示した。この「注意共有」モジュールを支えるのが、「視線検知」モジュールと「意図検出」モジュールである。詳しくは『自閉症とマインド・ブラインドネス』を参照されたい。図2・6も同書の掲載写真をもとにしている。

注9 エリザベス・ロフタスは、この一連の記憶研究と目撃証言の成果で、二〇世紀の心理学者一〇〇傑に選ばれた。女性としては最高位であった。

注10 『喪失と獲得』第八章より。

注11 コーネル大学のダリル・ベムは、これらの実験にもとづき、自己知覚理論を提唱した。自己知覚理論では、自分の内面が、自分のことであっても外的な行動によって推測される傾向があるとしている。『社会心理学キーワード』などを見よ。ベムは、最近では「予知」の可能性を示した超心理学研究でも有名である。

注12 エリザベス・ロフタス「偽りの記憶をつくる」(仲真紀子訳、別冊日経サイエンス『心のミステリー』七〇〜七七ページ所収、一九九七)より。理解の助けとなるよう原文の表記に一部手を加えた。

注13 フェスティンガーは、これらの実験にもとづき、認知的不協和理論を提唱した。認知的不協和理論では、自分の内面に不条理な記憶があると、それが整合的になるように記憶が変更される傾向があるとしている。概要は『社会心理学キーワード』などを、詳細は『認知的不協和の理論』を見よ。

注14 違反者や裏切り者は、感情の側面においてそれらに敏感であるだけでなく、認知の側面でもそれらを優先して検出するように働く「裏切り者検知」モジュールが知られている。詳しくはたとえば、『進化と人間行動』一七二〜一七四ページを見よ。

注15 「偽りの記憶をつくる」(注12)記載のハイマンらの実験より。

注16 スティーヴン・ミズン『心の先史時代』の第一〇章の議論にもとづいている。ただミズンは、狩猟採集時代の中核的知能に、技術的知能と社会的知能のほかに、博物的知能もあげている。またミズンは、現代に至るまでに、言語知能が社会的知能から派生して生まれたうえ、諸知能をつなぐ一般知能が発展してきた、とも議論している。

注17 板倉昭二『心を発見する心の発達』の三七〜四一ページより。

注18 板倉昭二『心を発見する心の発達』の五二〜五四ページ記載のジョンソンらの実験では、リモコンで動くぬいぐるみに対する乳児の様子を調べている。その実験によると、ぬいぐるみにはっきりとした顔がある場合、ぬいぐるみが乳児の声や動きに応答する場合に、乳児のぬいぐるみへの視線追従が見られている。

注19　ホブランドらの実験は、一ヵ月たつと信頼性の低い情報源の記事が効力をもつので、「スリーパー効果」と呼ばれる。菊池聡『超常現象をなぜ信じるのか』の九七〜九九ページより。

注20　この図はかつて筆者が書いた『サイコロとExcelで体感する統計解析』に掲載したものである。放射能の半減期を示すグラフもほぼ同じ形である。たとえば半減期が八日である放射性ヨウ素も、最初の四日に多くの放射線が出るわけだ。

注21　『人間この信じやすきもの』の第二章の議論。図7・3は三二ページより。ただし区分けは筆者が加えた。

注22　迷信とコントロール欲求の関係は、『人はなぜ迷信を信じるのか』の八〇〜八二ページ、および一九一〜一九五ページの議論より。

注23　トヴェルスキーとカーネマンは行動経済学の重鎮である。彼らの業績については、たとえば友野の『行動経済学』を見よ。なお、カーネマンは二〇〇二年のノーベル経済学賞を受賞した。

参考文献

はじめに

チャールズ・ダーウィン『種の起源』（一八五九）
長谷川寿一、長谷川眞理子『進化と人間行動』（東京大学出版会、二〇〇〇）
ロバート・プロミン『遺伝と環境　人間行動遺伝学入門』（安藤寿康・大木秀一訳、培風館、一九九四）
西田正規、北村光二、山極寿一編『人間性の起源と進化』（昭和堂、二〇〇三）

第1章

北岡明佳監修『錯視完全図解　脳はなぜだまされるのか？』（ニュートンプレス、二〇〇七）
ヴィラヤヌル・ラマチャンドラン『脳のなかの幽霊』（山下篤子訳、角川書店、一九九九）
津田基之、前田章夫編『視覚の分子メカニズム』（共立出版、一九八九）
ガエタノ・カニッツァ『視覚の文法　ゲシュタルト知覚論』（野口薫監訳、サイエンス社、一九八五）
本明寛編『別冊サイエンス　イメージの世界』（日本経済新聞社、一九七五）
ジェームズ・ギブソン『生態学的視覚論　ヒトの知覚世界を探る』（古崎敬ほか訳、サイエンス社、一九八六）

第2章

クリストファー・チャブリス、ダニエル・シモンズ『錯覚の科学』（木村博江訳、文藝春秋、二〇一一）
リタ・カーター『脳と意識の地形図2』（藤井留美訳、原書房、二〇〇三）
サイモン・バロン＝コーエン『自閉症とマインド・ブラインドネス』（長野敬ほか訳、青土社、一九九七）
下條信輔『サブリミナル・マインド　潜在的人間観のゆくえ』（中公新書、一九九六）
遠藤利彦編『読む目・読まれる目　視線理解の進化と発達の心理学』（東京大学出版会、二〇〇五）

第3章

ジェフリー・ロフタス、エリザベス・ロフタス『人間の記憶　認知心理学入門』（大村彰道訳、東京大学出版会、一九八〇）

エリザベス・ロフタス、キャサリン・ケッチャム『目撃証言』（厳島行雄訳、岩波書店、二〇〇〇）

厳島行雄、仲真紀子、原聡『目撃証言の心理学』（北大路書房、二〇〇三）

山岸俊男編『社会心理学キーワード』（有斐閣、二〇〇一）

ニコラス・ハンフリー『喪失と獲得　進化心理学から見た心と体』（垂水雄二訳、紀伊國屋書店、二〇〇四）

エリザベス・ロフタス、キャサリン・ケッチャム『抑圧された記憶の神話　偽りの性的虐待の記憶をめぐって』（仲真紀子訳、誠信書房、二〇〇〇）

日経サイエンス編集部編『別冊日経サイエンス　心のミステリー』（日経サイエンス社、一九九八）

レオン・フェスティンガー『認知的不協和の理論　社会心理学序説』（末永俊郎監訳、誠信書房、一九六五）

第4章

大平英樹編『感情心理学・入門』（有斐閣、二〇一〇）

藤田和生編『感情科学』（京都大学学術出版会、二〇〇七）

遠藤利彦『喜怒哀楽の起源　情動の進化論・文化論』（岩波書店、一九九六）

ロバート・フランク『オデッセウスの鎖　適応プログラムとしての感情』（大坪庸介訳、サイエンス社、一九九五）

北村英哉『認知と感情　理性の復権を求めて』（ナカニシヤ出版、二〇〇三）

ダニエル・ゴールマン『ＥＱ　こころの知能指数』（土屋京子訳、講談社、一九九六）

第5章

高橋雅延『認知と感情の心理学』（岩波書店、二〇〇八）
月本洋、上原泉『想像　心と身体の接点』（ナカニシヤ出版、二〇〇三）
渡辺恒夫『人はなぜ夢を見るのか　夢科学四千年の問いと答え』（化学同人、二〇一〇）
コリン・マッギン『マインドサイト　イメージ・夢・妄想』（五十嵐靖博・荒川直哉訳、青土社、二〇〇六）
スティーヴン・ミズン『心の先史時代』（松浦俊輔・牧野美佐緒訳、青土社、一九九八）
ダニエル・デネット『「志向姿勢」の哲学　人は人の行動を読めるのか？』（若島正・河田学訳、白揚社、一九九六）
板倉昭二『心を発見する心の発達』（京都大学学術出版会、二〇〇七）

第6章

松沢哲郎編『人間とは何か　チンパンジー研究から見えてきたこと』（岩波書店、二〇一〇）
ロビン・ダンバー『ことばの起源　猿の毛づくろい、人のゴシップ』（松浦俊輔・服部清美訳、青土社、一九九八）
菊池聡『超常現象をなぜ信じるのか　思い込みを生む「体験」のあやうさ』（講談社ブルーバックス、一九九八）
ジャコモ・リゾラッティ、コラド・シニガリヤ『ミラーニューロン』（柴田裕之訳、紀伊國屋書店、二〇〇九）
山岸俊男、吉開範章『ネット評判社会』（NTT出版、二〇〇九）
ニコラス・ウェイド『5万年前　このとき人類の壮大な旅が始まった』（沼尻由起子訳、イーストプレス、二〇〇七）
菊池聡、木下孝司編『不思議現象　子どもの心と教育』（北大路書房、一九九七／二〇〇一）
渡辺恒夫、石川幹人編『入門・マインドサイエンスの思想　心の科学をめぐる現代哲学の論争』（新曜社、二〇〇四）

第7章

石川幹人『サイコロとＥｘｃｅｌで体感する統計解析』（共立出版、一九九七）
スーザン・ブラックモア『ミーム・マシーンとしての私』（垂水雄二訳、草思社、二〇〇〇）
トーマス・ギロビッチ『人間この信じやすきもの　迷信・誤信はどうして生まれるか』（守一雄・守秀子訳、新曜社、一九九三）
スチュアート・ヴァイス『人はなぜ迷信を信じるのか　思いこみの心理学』（藤井留美訳、朝日新聞社、一九九九）
友野典男『行動経済学　経済は「感情」で動いている』（光文社新書、二〇〇六）
フランシス・ドゥ・ヴァール『共感の時代へ　動物行動学が教えてくれること』（柴田裕之訳、紀伊國屋書店、二〇一〇）
松沢哲郎『想像するちから』（岩波書店、二〇一一）

〈な・は行〉

さくいん

N.D.C.140　206p　18cm

ブルーバックス　B-1732

人《ひと》はなぜだまされるのか
進化心理学が解き明かす「心」の不思議

2011年7月20日　第1刷発行

著者　石川幹人《いしかわまさと》
発行者　鈴木　哲
発行所　株式会社講談社
〒112-8001 東京都文京区音羽2-12-21
電話　出版部　03-5395-3524
販売部　03-5395-5817
業務部　03-5395-3615
印刷所　（本文印刷）豊国印刷株式会社
（カバー表紙印刷）信毎書籍印刷株式会社
本文データ制作　講談社デジタル製作部
製本所　株式会社国宝社

定価はカバーに表示してあります。

©石川幹人　2011, Printed in Japan
落丁本・乱丁本は購入書店名を明記のうえ、小社業務部宛にお送りください。送料小社負担にてお取替えします。なお、この本についてのお問い合わせは、ブルーバックス出版部宛にお願いいたします。

本書のコピー、スキャン、デジタル化等の無断複製は著作権法上での例外を除き禁じられています。本書を代行業者等の第三者に依頼してスキャンやデジタル化することはたとえ個人や家庭内の利用でも著作権法違反です。

R〈日本複写権センター委託出版物〉複写を希望される場合は、日本複写権センター（03-3401-2382）にご連絡ください。


ISBN978-4-06-257732-8

発刊のことば

科学をあなたのポケットに

二十世紀最大の特色は、それが科学時代であるということです。科学は日に日に進歩を続け、止まるところを知りません。ひと昔前の夢物語もどんどん現実化しており、今やわれわれの生活のすべてが、科学によってゆり動かされているといっても過言ではないでしょう。

そのような背景を考えれば、学者や学生はもちろん、産業人も、セールスマンも、ジャーナリストも、家庭の主婦も、みんなが科学を知らなければ、時代の流れに逆らうことになるでしょう。

ブルーバックス発刊の意義と必然性はそこにあります。このシリーズは、読む人に科学的に物を考える習慣と、科学的に物を見る目を養っていただくことを最大の目標にしています。そのためには、単に原理や法則の解説に終始するのではなくて、政治や経済など、社会科学や人文科学にも関連させて、広い視野から問題を追究していきます。科学はむずかしいという先入観を改める表現と構成、それも類書にないブルーバックスの特色であると信じます。

一九六三年九月

野間省一